René Borbonus

Die Kunst der Präsentation

91 Antworten für eine eindrucksvolle Präsentation ohne Show-Business

Reihe

Soft Skills kompakt

Herausgegeben von Stéphane Etrillard

Band 4

Band 1 – Stéphane Etrillard: *Erfolgreiche Rhetorik für gute Gespräche*
Band 2 – Sabine Mühlisch: *Fragen der KörperSprache*
Band 3 – Reinhold Vogt: *Gedächtnis-Training in Frage & Antwort*
Band 4 – René Borbonus: *Die Kunst der Präsentation*

Ausführliche Informationen zu jedem unserer lieferbaren und geplanten Bücher finden Sie im Internet unter www.junfermann.de. Dort können Sie auch unseren kostenlosen Mail-**Newsletter** abonnieren und sicherstellen, dass Sie alles Wissenswerte über das **JUNFERMANN**-Programm regelmäßig und aktuell erfahren.

Besuchen Sie auch unsere e-Publishing-Plattform www.active-books.de!

Eine Auswahl von e-Books bei www.active-books.de:

Vogt, Reinhold: „LernTipps: Leichter Lernen & Lehren" (kostenlos)
Seiwert, Lothar J.: „Life Leadership" (kostenlos)
Etrillard, Stéphane: „Charisma" (kostenlos)

René Borbonus

Die Kunst der Präsentation

91 Antworten für eine eindrucksvolle Präsentation ohne Show-Business

Junfermann Verlag • Paderborn
2007

Covergestaltung/Reihenentwurf: Christian Tschepp
Frontcoverfoto: © bellestock/FOTOLIA

Satz: JUNFERMANN Druck & Service, Paderborn

Bibliografische Information der Deutschen Bibliothek

Die Deutsche Bibliothek verzeichnet diese Publikation in der Deutschen Nationalbibliografie; detaillierte bibliografische Daten sind im Internet über http://dnb.ddb.de abrufbar.

ISBN 978-3-87387-693-4

Inhalt

Vorwort

Das Thema Präsentieren und vor allem „Überzeugend Präsentieren" ist ein echtes Phänomen. Trotz unzähliger Bücher, die sich mittlerweile schon mit dieser Problematik beschäftigt haben und reichlich Schulungen, treten doch immer wieder ähnliche Fragen auf. Darum dieses Buch, in dem ich einige häufige oder zumindest interessante Fragen „eingefangen" und jeweils ein Lösungsangebot dazu gestrickt habe.

Das Hauptproblem jedes Vortragenden: Wenn es um wirkliche Überzeugungsarbeit geht, reicht es meines Erachtens schon lange nicht mehr, nur solide zu präsentieren. Es gilt vielmehr die Präsentation ein wenig anders zu gestalten als die anderen ... ohne jedoch dabei in nichtssagendes Show-Business zu verfallen. Es ist wichtig, einen glaubwürdigen Weg zu finden, um in Erinnerung zu bleiben.

Ich glaube, dass allen Uni-Kursen und Management-Trainings zum Trotz das Präsentieren von Ideen und Konzepten noch lange nicht so gut gelingt, wie es sollte. Gründe gibt es aus meiner Sicht dafür zwei: Erstens sind die Zuhörer heutzutage immer weniger in der Lage, Informationen gezielt aufzunehmen – ganz einfach deshalb, weil jeder von ihnen in immer kürzerer Zeit mit immer mehr Informationen fertig werden muss. Zweitens weil wir meist vergessen, dass wir in der Regel schon Experten sind in dem, worüber wir referieren und unsere Zuhörer aber (noch) nicht.

Dieses Buch soll Ihnen also ein paar Ideen geben, wie Sie Ihre Präsentation wirkungsvoller und verständlicher gestalten können. Für meine Antworten habe ich mir sehr viele verschiedene Präsentationen, Reden und Vorträge angeschaut und daraus die wichtigsten Dos und Don'ts der Präsentation abgeleitet.

Dabei habe ich etwas versucht, was ich auch allen Präsentatoren ans Herz lege: sich kurz fassen. Wenngleich Redundanzen gut für das Verständnis sein können, so wollte ich diese doch mit Blick auf die zahlreichen bereits bestehenden Präsentations-Bücher möglichst gering halten. Wundern Sie sich also bitte nicht, wenn einige Grundlagen wie beispielsweise eine PowerPoint-Einführung für Anfänger ausgeblieben sind.

Einen kurzen Dank kann ich Ihnen nicht ersparen: Ich danke Waltraud, Andrea, Christina und Theo, ohne die mein Leben als Trainer und somit auch dieses Buch nicht passiert wären.

Jetzt wünsche ich Ihnen viel Freude bei der Lektüre, einige gute Impulse und natürlich schon im Voraus viele Präsentations- und Redeerfolge! Wann immer Sie Fragen haben oder auch nur von Ihren Präsentationserlebnissen berichten wollen, kommen Sie doch einfach auf mich zu! Meine Kontaktdaten finden Sie am Ende des Buches, wenn Sie alles andere gelesen haben.

Kommen Sie gut an!

Ihr *René Borbonus*

1. Espresso für Ihre Präsentation – Der packende Opener

Stellen Sie sich vor, Sie schlagen erwartungsvoll ein neu gekauftes Buch auf, beginnen gespannt die ersten Seiten zu lesen und sind nach zwei Minuten schon so gelangweilt, dass Sie das Buch weglegen und wahrscheinlich auch nie mehr zur Hand nehmen. Der Grund: Der Text bzw. die Geschichte hat es nicht geschafft, Sie von Anfang an zu packen und zu fesseln. Die Folge: Sie haben sofort ein Urteil gefällt und werden das Buch wohl niemals lesen, auch wenn sich die Geschichte drei Seiten später so spannend entwickelt, dass Sie das Buch auf einen Schlag durchlesen würden. Dasselbe gilt für eine Präsentation. Selbst wenn Sie im Hauptteil Ihres Vortrages trumpfen, haben Sie einen Großteil der Aufmerksamkeit des Publikums bereits verloren, wenn Sie schwach starten.

Professionelle Redner und Präsentatoren verweisen immer wieder auf die unermessliche Bedeutung eines gelungenen Einstiegs. Warum ist der Erfolg der gesamten Präsentation so eng mit einem guten Opener verknüpft?

„Für den ersten Eindruck gibt es keine zweite Chance" oder: „Der erste Eindruck prägt" – Sprichwörter und kluge Aphorismen, die uns die Macht des ersten Eindrucks immer wieder vor Augen führen, gibt es reichlich. Und Sie selbst haben sicher auch schon mehrfach Erfahrungen gemacht, die genau das bestätigen. Denken Sie nur an Veranstaltungen, bei denen mehrere Redner gesprochen haben: Zu Beginn der Rede herrscht eine gespannte Erwartungshaltung, und die Aufmerksamkeit der Zuhörer ist bei 100 Prozent. Gute Redner nutzen die Chance, die eben diese hohe Aufmerksamkeit bietet und schaffen es, sie über den gesamten Vortrag aufrechtzuerhalten. Bei schlechten Rednern wird der Aufmerksamkeitsfaden dagegen immer dünner und droht ganz abzureißen. Oder haben Sie schon einmal erlebt, dass nach einem verpatzten und faden Einstieg eine wirklich mitreißende Präsentation folgte?

Die ersten zwei, drei Minuten einer Präsentation sind wie der beste Sendeplatz im Fernsehprogramm: Sie sind überaus kostbar. Es ist die einzige Zeitspanne Ihrer Rede, in der Ihnen die ungeteilte Aufmerksamkeit des Publikums gewiss ist. Danach müssen Sie sich jede weitere Aufmerksamkeit verdienen.

Weshalb sind gerade die ersten Minuten so bedeutsam?

Der Einstieg ist Ihre Probezeit. Das Publikum will Sie kennenlernen und ist gespannt, was passiert. Es will herausfinden, ob Sie qualifiziert genug sind, um zum Thema zu sprechen und schätzt Ihr Unterhaltungspotenzial ein. Jeder Zuhörer stellt sich mindestens unbewusst die Frage, ob Sie in der Lage sind, sein Interesse nicht nur kurzfristig zu wecken, sondern auch über längere Zeit zu erhalten. Doch der Zuhörer hat leider nur ein begrenztes Maß an Aufmerksamkeit zu vergeben. Vielleicht wurde er bereits den gesamten Tag stark gefordert und hatte seine Aufmerksamkeit bereits mehreren unterschiedlichen Dingen gewidmet. Und womöglich hat er in seinem Berufsleben schon etliche Reden gehört. Einen solchen Zuhörer mitzureißen ist ein Kunststück, das ohne einen guten Opener einfach nicht gelingen kann. Wenn Sie Ihre Zuhörer nun schon zu Anfang langweilen, wird das Publikum entweder ganz abschalten oder seine Aufmerksamkeit umgehend auf andere Dinge lenken: das wichtige Meeting am nächsten Morgen, den ärgerlichen Streit mit der Partnerin, die unbeantworteten eMails oder ganz profane Alltäglichkeiten – in den Köpfen Ihrer Zuhörer ist mehr als genug, was sie vom Geschehen ablenken kann. Wenn Sie Ihre Probezeit jedoch bestehen, hört man Ihnen gerne zu – die Zuhörer werden Ihnen dann die nötige Aufmerksamkeit mit Freude schenken.

Nutzen Sie also diese ersten Augenblicke, um Ihre Zuhörer „bei den Ohren" zu packen! Denn so können Sie ihre Wahrnehmung von Beginn an positiv beeinflussen.

Wie eine Präsentation bewertet wird, hängt also auch von der Wahrnehmung der Zuhörer ab?

Ganz genau. Vermutlich haben Sie schon vom Phänomen des ersten Eindrucks oder vom sogenannten „Primacy-Effekt" gehört. In der Psychologie gilt es als bewiesen, dass schon ein kurzer Augenblick genügt (also Sekunden oder sogar Sekundenbruchteile), um einen ersten Eindruck vom Gegenüber zu erhalten. Das so entstehende Bild wird durch die selektive Wahrnehmung verstärkt und schließlich manifestiert. Selektive Wahrnehmung bezeichnet das Phänomen, dass nur bestimmte Aspekte der Umwelt wahrgenommen und andere ausgeblendet werden. Und unsere Wahrnehmung ist per se selektiv, da der Mensch nie alle Informationen, die von außen auf ihn einwirken, in gleicher Intensität wahrnehmen kann. Wir sind also ständig – meist unbewusst – auf der Suche nach bestimmten Mustern.

Wenn wir eine gute Präsentation erwarten, ja gar überzeugt davon sind, eine solche zu hören und zu sehen zu bekommen, dann werden wir auch eher Indizien finden, die diese Überzeugung bestätigen. Leichte Anzeichen von Lampenfieber und ein paar Versprecher nehmen wir dann vielleicht gar nicht erst wahr. Stellen wir uns stattdessen jedoch auf eine schlechte Rede ein, geht es uns genau umgekehrt: Wir übersehen dann leicht die positiven Aspekte, weil wir uns fast ausschließlich auf das Negative konzentrieren, das wir ja bereits im Vorfeld erwarten. Inwiefern wir hier selektieren, worauf sich also unsere Wahrnehmung konzentriert, das hängt entscheidend vom Opener ab.

Was kann ein guter Opener erreichen?

Mit einem guten Opener werden die Weichen für den Erfolg der gesamten folgenden Rede gestellt. Ganz konkret kann ein gelungener Einstieg:

1. ... einen unmittelbaren Kontakt zwischen Ihnen und Ihrem Publikum herstellen. Der Opener kann zum Beispiel betonen, dass Sie und Ihr Publikum „im gleichen Team spielen", eine Ansicht oder ein Interesse teilen. Als John F. Kennedy sein Westberliner Publikum im geteilten Berlin mit einem „Ich bin ein Berliner" begrüßte, drückte er seine Solidarität aus – und wurde jubelnd empfangen.

2. ... die Tonalität der Rede bestimmen und damit ein positives Klima für den weiteren Verlauf schaffen. Das Publikum bekommt ein Gefühl dafür, was es von der folgenden Präsentation erwarten kann. Die Zuhörer können sich so beispielsweise auf eine entspannte, ernsthafte, informelle oder formelle Präsentation vorbereiten. Wer schon eindrucksvoll startet, teilt dem Publikum mit, dass es einiges von der Präsentation erwarten darf. Wer konventionell beginnt, braucht sich nicht zu wundern, wenn der Zuhörer von einer eher gewöhnlichen, vielleicht sogar monotonen und langweiligen Präsentation ausgeht.

3. ... elegant zum Redethema hinführen. Ein guter Opener weckt Ihr Publikum nicht nur auf, er nimmt Ihr Publikum auch an die Hand und führt es aus der Alltagswelt mit auf die Reise zu Ihrem Thema. Ihr Opener sollte deswegen in hohem Maße sachzentriert sein und einen Bezug zum Thema schaffen, auch dann, wenn Sie eine Anekdote oder eine Analogie für den Einstieg wählen. Reine Effekthascherei alleine reicht nicht aus, um das Publikum für sich zu gewinnen.

Kurz gesagt: Mit einem kraftvollen Opener rütteln Sie Ihr Publikum wach und bringen es auf Ihre Seite. Der Einstieg wirkt wie ein starker Espresso: Er vertreibt die Müdigkeit, macht munter und hält wach.

Was sind die Merkmale eines schlechten Einstiegs?

Ganz oben auf der Negativliste stehen Floskeln, die wir immer wieder hören. Und gerade weil wir sie schon so oft gehört haben, erscheinen sie uns unglaublich konventionell und nichtssagend. Das Konventionelle, bereits hundertfach Gehörte erscheint uns immer etwas langweilig, trist und fade. Diese Floskeln sind wie aktive Zuhörer-Sterbehilfe:

- „Meine Damen und Herren, vielen Dank für die Einladung zu Ihrem Forum. Ich habe mich sehr darüber gefreut und danke Ihnen, dass Sie so zahlreich erschienen sind." (Übrigens: Sie können niemandem dafür danken, dass er zahlreich erschienen ist, es sei denn, er ist schizophren.)

- „Verehrte Damen und Herren, wir haben uns heute hier versammelt, um die Marketing-Strategie für das nächste Geschäftsjahr kennen zu lernen." (Dazu lässt sich nur sagen: Es gab Einladungen, alle sind zur gleichen Zeit am selben Ort – wer jetzt nicht weiß, worum es geht ...)

Und auch die folgenden Einstiege gilt es besser zu vermeiden, sofern Sie Ihr Publikum nicht von Anfang an garantiert in Tiefschlaf versetzen wollen:

- Mit einem „Können Sie mich hören?" gegen das Mikrofon klopfen. – Der Soundcheck sollte beim Einstieg in Ihre Präsentation bereits hinter Ihnen liegen.
- Warnungen à la „Ich bin kein geübter Redner". – Das ist eine Steilvorlage für die selektive Wahrnehmung, das Publikum wird so ganz bestimmt nach Schwächen Ausschau halten.
- Dasselbe gilt für negative Aussagen über Ihre Präsentation oder Ihre Rede, auch wenn Sie es scherzhaft meinen.
- Insider-Scherze, die nur wenige Personen im Publikum verstehen. – Es ist absolut tabu und niemals vorteilhaft, Teile des Publikums auszuschließen.
- Taktlose Erwiderung auf die Ankündigung durch den Veranstalter. – Niemand schenkt arroganten Menschen bereitwillig seine Aufmerksamkeit.

In Anbetracht dieser einschläfernden Einstiege können Sie nun dagegenhalten und stattdessen einen Espresso-Opener vorbereiten. Einen Einstieg, der Ihr Publikum aufweckt und wach hält. Ein solcher Einstieg ist zudem ein gutes Mittel gegen Lampenfieber, weil Sie so schnell spüren werden, dass Ihr Publikum auf Ihrer Seite ist.

Wie kann ich die Nervosität am Anfang meiner Präsentation eindämmen?

Die Nervosität ist zu Beginn immer besonders groß, das ist völlig normal. Hat man den Anfang erst einmal erfolgreich hinter sich gebracht, dann lässt das unangenehme Gefühl sehr schnell nach. Denken Sie nur an Ihre Führerscheinprüfung: Als Sie erst einmal hinter dem Steuer saßen, war der Rest halb so wild. Daher empfehle ich, gerade den Anfang komplett zu verinnerlichen. Konzentrieren Sie sich also schon bei der Vorbereitung insbesondere auf den Opener. Grundsätzlich ist es zwar nicht empfehlenswert, eine Präsentation auswendig zu lernen, doch was den Opener angeht, kann man hier ruhig ein Auge zudrücken. Denn dies ist der Moment, den es sicher über die Bühne zu bringen gilt.

Übrigens: Gerade ein mitreißender Opener kann ein Wundermittel gegen Ihre anfängliche Nervosität sein. Sie werden überrascht sein, wie entspannend eine Reaktion vom Publikum – und sei es nur ein zustimmendes Kopfnicken oder ein Lächeln – gleich zu Anfang Ihrer Präsentation wirken kann.

Für welche Art Opener Sie sich auch entscheiden: Er sollte so leichtfüßig daherkommen, als wären Ihnen die Worte beim Gang zum Podium spontan in den Kopf gekommen. Deswegen gilt es umso mehr, ihn zu planen, einzuüben und quasi auf Hochglanz zu polieren.

Testen Sie Ihren Opener an einem Kollegen, einer guten Freundin, Ihrem Partner. Es wird sich lohnen. Denn ein guter Opener ist immer die beste Voraussetzung (wenn auch kein Garant) für eine gute Rede. – Ein schlechter Opener läutet dagegen fast immer eine schlechte Präsentation ein.

Was eignet sich nun genau für einen guten Einstieg in eine Präsentation?

Alles Althergebrachte und allzu Konventionelle sollte gerade zu Beginn vermieden werden. Stattdessen gibt es einige Opener, mit denen Sie viel eher die Zuhörer begeistern und damit auch fesseln können. Dabei spielt es keine Rolle, zu welchem Publikum oder zu welchem Thema Sie sprechen werden. Ganz besonders eignen sich bildhafte Einstiege, zum Beispiel mit einer Anekdote, einer Analogie oder durch gegenständliche Demonstrationen. Selbst nahezu konventionelle Opener wie ein Zitat oder ein bestimmter Bezug sind allemal besser als die alte Leier: „Guten Tag sehr geehrte Damen und Herren ..."

Was genau ist eine Anekdote, und wie kann ich sie einsetzen?

Eine Anekdote ist eine kurze, ungewöhnliche oder amüsante Erzählung über eine Begebenheit oder eine Person. Richtig gewählt, kann sie Ihnen helfen, Ihren Redeeinstieg lebendiger und interessanter zu gestalten. Und sie kann Ihnen helfen, ein abstraktes oder trockenes Thema zu personalisieren, damit es vor Ihrem Publikum zum Leben erwacht.

Die Anekdote kann aus dem Fundus Ihrer eigenen Erinnerungen stammen oder das Erlebnis einer anderen Person thematisieren. Damit Ihre Anekdote wirklich zu Ihrer Rede passt, sollte sie fünf Kriterien erfüllen. Eine gute Anekdote:

1. ... ist wahr oder klingt zumindest glaubwürdig.
2. ... lässt sich mit dem Thema der Präsentation oder der Veranstaltung in Einklang bringen.
3. ... ist interessant, überraschend oder amüsant. (Kleiner Tipp: Testen Sie Ihre Anekdote vorab bei Bekannten oder Freunden.)
4. ... ist für Ihr Publikum leicht nachvollziehbar.
5. ... passt zu Ihrer Rede, sie illustriert also ein Argument oder einen Aspekt oder führt logisch dazu hin.

Wie komme ich denn zu guten Geschichten oder Anekdoten?

Das ist eine Frage, die in meinen Trainings immer wieder gestellt wird. Hier kann ich Sie schnell beruhigen: Es ist gar nicht so schwer, wie man denkt. Schauen Sie sich doch einfach einige Anekdoten-Sammlungen an (siehe Literaturempfehlungen im Anhang) und merken Sie sich daraus ein paar Geschichten, die Ihnen gefallen. Dann heißt es: Analogien erzwingen. Fragen Sie sich einfach immer wieder, was hat diese Anekdote jetzt mit meinem Präsentationsinhalt zu tun? So bauen Sie Brücken. Sind diese Brücken trittsicher, dann können Sie getrost mit der Anekdote einsteigen.

Was ist eine Analogie?

Ihr Thema ist sehr komplex und abstrakt und Sie fürchten, Ihr Publikum versteht nur Bahnhof? Das ist kein Grund, sich die Haare auszuraufen. Suchen Sie nach einer passenden Analogie, nutzen Sie das Spiel mit etwas Vergleichbarem. Mit dem passenden Vergleich malen Sie ein Bild vor dem inneren Auge Ihres Publikums und ziehen es so in Ihren Bann – und in Ihre Präsentation. Eine Analogie ist demnach das Verhältnis der Entsprechung zwischen ähnlichen, jedoch nicht identischen Gegenständen oder Vorgängen, die sich miteinander vergleichen lassen.

Was ist, wenn ich keinen Vergleich finde?

Ich kann Ihnen versichern: Wenn Sie es wirklich versuchen, werden Sie einen Weg finden, selbst die unterschiedlichsten Dinge wirkungsvoll zu vergleichen und miteinander in Beziehung zu setzen.

Als ich einer schon etwas älteren Bekannten vor einigen Jahren ihren Computer eingerichtet habe, wurde aus der Festplatte in meiner Erklärung ein Büro mit Aktenordnern in Aktenschränken und Regalen, in denen Geräte und andere Hilfsmittel liegen, die ihr bei der Arbeit helfen würden. Und der Arbeitsspeicher wurde zu einem Schreibtisch, auf dem die tatsächliche Arbeit stattfand. – Der Computer hat sich während meiner Erklärung vor ihren Augen von der unverständlichen, latent bedrohlichen grauen Kiste in ein nützliches Arbeitsgerät verwandelt.

Ich habe schon sehr faszinierende Einstiege gehört, die auf einer Analogie basierten. Ein Beispiel: Vor einiger Zeit war ich Zuhörer eines Vortrags zum sehr theoretischen Thema Privatisierung. Der Strategieberater Peter Schröder startete seinen Vortrag mit der Frage: „Warum gibt es so viele Kühe und so wenig Wale?“ Die Antwort kam kurze Zeit später: „Weil Kühe jemandem gehören!“ Das Publikum war aufgrund des intelligenten und doch einfachen Bildes wie elektrisiert. Ein brillanter Einstieg!

Seien Sie offen. Seien Sie mutig. Vergleichen Sie Äpfel mit Birnen. – Diese Art von Kreativität lässt sich erlernen. Wirklich.

Wie verläuft ein effektvoller Einstieg mithilfe eines Gegenstandes?

Präsentationen sind audiovisuelle Erlebnisse. Ihr Publikum will nicht nur zuhören, es will auch optisch etwas geboten bekommen. In den meisten Präsentationen beschränkt sich die visuelle Komponente leider allzu oft auf eine eher lieblos zusammengestellte PowerPoint-Präsentation. Dabei ist es so leicht, dem Publikum etwas mehr Spannung und eine gute Dramaturgie zu bieten: Beginnen Sie Ihre Präsentation effektvoll – beginnen Sie Ihre Präsentation mit einer Requisite.

Drei Varianten eignen sich zur effektvollen Verwendung von Requisiten:

1. Die Requisite kann Ihre Analogie illustrieren. Ein Beispiel: Sie stellen auf einer Tourismus-Börse einen Memory-Stick vor, auf dem sich die Software für ein Naviga-

tionssystem befindet. Sie können sagen, diesen kleinen Stick zu besitzen ist genauso, wie sich zehn Kilogramm Routenplaner in die Hosentasche zu stecken. Sie können aber auch eine Schubkarre voller Kartenmaterial vorfahren und dann den daumenlangen Stick dagegenhalten.

2. Ihre Requisite kann sinnbildlich sein. Ein Beispiel: Sie wollen Ihr Team zusammenschweißen, damit es sich gegen die Konkurrenz besser behaupten kann. Sie können natürlich allein mit Worten die Vorteile erläutern, die ein größerer Zusammenhalt mit sich bringt. Eine andere, überzeugendere Möglichkeit ist, ein paar Stäbe zu nehmen und dann einen Stab zu zerbrechen – das wird Ihnen ohne Probleme gelingen. Anschließend können Sie ein ganzes Bündel Stäbe nehmen: Und schon wird es Ihnen sehr viel schwerer fallen oder gar nicht gelingen, die Stäbe zu zerbrechen. – Zudem bietet sich gleich noch eine weitere Variante an: Teilen Sie allen Zuhörern ein Stofftaschentuch aus. Jetzt laden Sie Ihre Zuhörer ein, mit *einer* Hand einen Knoten in das Tuch zu binden. Das ist äußerst schwierig und wird kaum jemandem gelingen. Nimmt man eine zweite Hand hinzu, ist es viel leichter …

3. Wenn Sie über einen konkreten Gegenstand sprechen, kann dieser Ihre Requisite sein. Ein Beispiel: Stellen Sie sich vor, Sie sind auf einer Gastro-Messe und wollen Ihrem Publikum in einer Präsentation unzerbrechliches Keramikgeschirr vorstellen. Sie können dies natürlich ausführlich beschreiben. – Sie können aber auch einen Teller dramatisch und mit Wucht auf den Boden werfen.

Was macht den Einstieg mit einem Gegenstand so reizvoll?

Dafür gibt es aus meiner Sicht zwei entscheidende Gründe: Zum einen ist es für das Publikum wirklich ungewöhnlich, wenn der Redner etwas in der Hand hält. Die Zuhörer schauen genau hin und fragen sich: Was hat er da? Was will er damit? Was ist das überhaupt?

Je nach Gegenstand gibt es noch einen hervorragenden zweiten Grund: Sie können den Gegenstand Ihren Zuhörern schenken und damit einen sehr emotionalen bleibenden Eindruck hinterlassen. Hier ein Beispiel: Ich habe vor einigen Jahren eine Präsentation erlebt, in der es um Zeit- und Selbstmanagement ging. Der Dozent hat die Lebenszeit mit dem Inhalt einer Wasserflasche verglichen. Parallel zu seinen theoretischen Beschreibungen hat er etwas Wasser auf die Bühne geschüttet. Plötzlich war die Flasche leer, und schon hatte er eine eindrucksvolle Metapher für die Knappheit unserer Lebenszeit. Am Ende hat er jedem Zuhörer eine volle Flasche mit nach Hause gegeben, mit dem Hinweis, dass man doch gut auf den Inhalt achten solle ... Diese Flasche steht noch heute auf meinem Schreibtisch und erinnert mich daran, mir Zeit für das Wesentliche zu nehmen.

Wie komme ich auf Ideen für einen guten Gegenstand?

Auch das ist einfacher, als Sie vielleicht glauben. Die meisten Präsentatoren machen einen Fehler: Sie haben Ihre Präsentation vorbereitet und fragen sich jetzt, welcher Gegenstand wohl passend sein könnte. Machen Sie es bitte genau andersherum. Bereiten Sie Ihre Präsentation vor, legen Sie sich ein paar Gegenstände zurecht und fragen Sie sich erst dann: Was haben diese Gegenstände mit meiner Präsentation zu tun?

Dieser kreative Prozess vollzieht sich in zwei Schritten:

1. *Schritt:* Sie stellen signifikante Merkmale des Gegenstandes heraus, den sie benutzen wollen.
2. *Schritt:* Sie erzwingen Analogien zu Ihrem Redethema.

Also angenommen, Sie sind Führungskraft eines Kreditinstituts und wollen etwas zum Firmenleitbild und dessen Bedeutung präsentieren. Außerdem wollen Sie die Anwesenden motivieren, dem Firmenleitbild zu folgen. Jetzt haben Sie folgenden Gegenstand: einen einfachen Holzbleistift.

1. Schritt – Signifikante Merkmale feststellen:

Kann malen, schreiben, zeichnen, wird dabei von einer Hand geführt.
Er muss angespitzt werden, um deutlich zu schreiben.
Die Mine zerbricht sehr schnell, wenn der Bleistift herunterfällt.
Oben am Stift ist ein Radiergummi, mit dem man etwas wegradieren kann.
Er liegt gut in der Hand.
Wer schreibt, der bleibt …

2. Schritt – Analogien erzwingen:

Kann malen, schreiben, zeichnen, wird von einer Hand geführt.	Wir verkaufen verschiedene Produkte und Dienstleistungen, bieten Leistungen von Partnerunternehmen an. Aber egal was wir vertreiben, über allem steht ein Firmenleitbild.
Er muss angespitzt werden, um deutlich zu schreiben.	Wir müssen Veränderungen in Kauf nehmen, auch wenn es schmerzt. So bleiben wir leistungsfähig.
Die Mine zerbricht sehr schnell, wenn der Bleistift herunterfällt.	Die Werte nehmen Schaden, wenn man mit dem Firmenleitbild fahrlässig umgeht …
Oben am Stift ist ein Radiergummi, mit dem man etwas wegradieren kann.	Wir sollten Fehler zugeben und sie dann korrigieren …
Er liegt gut in der Hand.	So wie der Bleistift, sollte auch das Leitbild griffig sein, sonst kann es nicht gelingen …
Wer schreibt, der bleibt …	Das, was wir tun, ist nachhaltig. Also handeln Sie verantwortungsbewusst!

Sollten Ihnen die Analogien nun zusagen, könnten Sie Ihre Präsentation mit dem Bleistift in der Hand beginnen, um am Ende der Veranstaltung dann Bleistifte an die Teilnehmer auszuteilen. So hinterlassen Sie einen bleibenden Eindruck.

Schaffen Sie sich am besten eine Vielzahl von Analogien, dann können Sie aus dem Vollen schöpfen. Das ist ein effektiver Schlüssel für gute Ideen – für die Qualität der Analogien. Linus C. Pauling, zweifacher Nobelpreisträger, wurde einmal gefragt, wie man auf gute Ideen komme. Seine Antwort: „Man sortiert die schlechten aus." Genau dies ist die Methode, um aus der Quantität der Analogien Qualität zu extrahieren.

Sollten die Zuhörer nicht wenigstens formell begrüßt werden, bevor es mit dem Opener losgeht?

Es gibt Konventionen, mit denen wir nicht brechen möchten, weil wir ein schlechtes Gefühl dabei hätten. Wenn Sie sich nicht gut fühlen, torpedieren Sie natürlich sofort die gewünschte Wirkung. Daher gilt: Wenn Sie Ihre Zuhörer begrüßen möchten, dann tun Sie das. Nur biete ich Ihnen folgenden Kompromiss an: Stimulieren Sie doch erst einmal die Teilnehmer mit einem gelungenen Einstieg. Dann können Sie ja immer noch sagen: „... und dazu begrüße ich Sie ganz herzlich!"

Mit einigen Konventionen, die oft zu Beginn einer Präsentation stehen, sollten Sie dennoch brechen oder diese Konventionen zumindest kritisch prüfen. Sind weitschweifige Begrüßungsorgien vermeidbar? Wenn nicht, gibt es tatsächlich keine

Möglichkeit, kreativ mit der Situation umzugehen? Erzwingen Sie doch auch einmal hier Analogien:

„Wenn ich so in das Publikum blicke, dann fühle ich mich gleich an das letzte Länderspiel unserer Fußballnationalmannschaft erinnert. Wie wichtig es war, dass es einen guten Torhüter gab, der den Kasten sauber gehalten hat! Daher freue ich mich, dass Sie, lieber Herr Staatssekretär aus dem Justizministerium, den Weg hierher gefunden haben. Aber auch der Libero war wichtig, um die Abwehr zu organisieren: Liebe Frau Innenministerin, schön dass Sie da sind! Der zentrale Mittelfeldspieler hatte gute Ideen und brachte Dynamik ins Spiel: Herr Generalsekretär, ich begrüße Sie ganz herzlich ..."

Warum nicht? So erfüllen Sie eine Konvention und schaffen durch eine kreative Veränderung sogar noch Atmosphäre. Natürlich können Sie auch andere Bilderwelten hernehmen: ein Orchester, einen berühmten Kinofilm usw.

Nun gibt es auch Situationen, bei denen die Vorbereitungszeit fehlt. Was mache ich denn, wenn ich ganz spontan etwas präsentieren oder vorstellen soll?

Einige meiner Klienten kommen immer wieder einmal in die Verlegenheit, spontan vor größeren Gruppen etwas zu sagen, etwas zu präsentieren oder eine kleine Stegreifrede zu halten. Noch häufiger kommt es vor, dass einige meiner Klienten keine Zeit haben, sich ordentlich auf einen konkreten Redeanlass vorzubereiten. Wenn auch Sie sehr häufig Reden und Vorträge halten müssen, wenig Zeit haben und hin und wieder ad hoc reagieren müssen: Es gibt einige Anfänge, die passen fast immer und sind doch nicht allzu konventionell. Probieren Sie es einfach aus:

- „In dieser erlesenen Gesellschaft zu sein, wird sich mit Sicherheit positiv auf mein Image auswirken. Und ich hoffe sehr, dass es Ihrem Image nicht allzu abträglich ist."
- „Wenn Sie sich fragen, was Sie von meiner Rede erwarten sollen, möchte ich Salvador Dalí zitieren, der einmal sagte: ‚Ich werde mich so kurz fassen, dass ich schon beim Ende angekommen bin.'"
- „Ich erinnere mich an einen Redner, der einmal gefragt wurde, wie seine Rede beim Publikum ankam. Er sagte: ‚Tja, ich weiß es nicht. Aber zumindest ist niemand aufgestanden und verschwunden, wie die Socken in meiner Waschmaschine.' – Ich hoffe, dass ich am Ende meiner Rede dasselbe sagen kann."
- „Viele von Ihnen werden sich wundern, warum ich vor Ihnen stehe. Ehrlich gesagt, frage ich mich das auch."
- Nach einer Anmoderation: „Ich freue mich über diese schmeichelhafte Vorstellung. Aber ich werde nicht vergessen, dass ein weiser Mann einst schrieb: Derjenige, der sich auf seinen Lorbeeren ausruht, trägt sie an der falschen Stelle."
- „Das Thema, über das ich sprechen möchte, ist so faszinierend und facettenreich, dass ich stundenlang darüber sprechen könnte. Ach, was sage ich: tagelang! Aber ich verspreche Ihnen: Ich werde Ihnen dies nicht antun."

Sie spüren schon selbst: Bei Reden und Präsentationen geht es immer auch darum, etwas anderes als den üblichen Einheitsbrei zu kochen. Denn wenn Sie mit einer Rede Ihr Publikum bewegen und vielleicht sogar begeistern wollen, brauchen Sie die volle Aufmerksamkeit der Zuhörer – am besten von Anfang an. Ein spannender und stimulierender Einstieg ist hierfür das optimale Mittel. Gerade zu Beginn wurden die Aufmerksamkeitsreserven des Publikums noch nicht angezapft, sie sind noch voll erhalten. Anfangs liegt noch eine spannende Erwartungshaltung in der Luft. Wer nun schon zu Beginn auf die Bremse tritt, darf für den weiteren Verlauf kaum mehr auf gespitzte Ohren hoffen. Die ersten Minuten sind prägend für den gesamten weiteren Verlauf Ihrer Rede. Nutzen Sie dieses Wissen und feilen Sie unbedingt intensiv an einer guten Dramaturgie für Ihren Einstieg, der Ihrem Publikum nicht nur ein müdes Gähnen entlockt, sondern wie ein (doppelter) Espresso wirkt.

2. Und danach? Der Hauptteil und das Vortragsende

Sie haben die erste Hürde Ihrer Präsentation – den Einstieg – bereits gemeistert. Nach dieser Kür kommt nun der Pflichtteil Ihres Vortrags – der Hauptteil und das Ende. Besonders in punkto Strukturierung und Argumentationsweg gibt es dabei einiges zu beachten, um zu einem optimalen Präsentationsaufbau zu gelangen. Entscheidend ist außerdem – ebenso wie ein kraftvoller Anfang – ein Abschluss, an den sich Ihre Zuhörer noch lange erinnern werden.

Warum ist die Struktur das A und O einer guten Präsentation?

Sie werden mir zustimmen, wenn ich Folgendes behaupte: Die meisten Zuhörer können die Qualität eines Vortrags nur schwerlich beurteilen, weil der Redner oder Präsentator in der Regel einen Kompetenzvorsprung besitzt. Meist steht ja gerade dieser wegen dieses Vorsprungs auf der Bühne und nicht ein anderer. Da wir jedoch automatisch versuchen, die Qualität von allem zu beurteilen, was wir konsumieren, tun wir das natürlich auch bei einem Vortrag oder einer Präsentation, ganz gleich, ob wir dazu die nötige fachliche Kompetenz besitzen oder nicht. Doch auf was stützen wir unser Urteil, wenn wir die inhaltliche Qualität aufgrund mangelnder Kenntnisse nur schwer bestimmen können? Ganz einfach: Wir suchen uns einen anderen Aspekt, nach dem wir die Präsentation einordnen. Ein beliebtes Bewertungskriterium ist in diesem Fall die Struktur, die unabhängig von den dargestellten Inhalten betrachtet werden kann und daher häufig ausschlaggebend für den Erfolg oder Misserfolg einer Präsentation ist. Beherzigen Sie also immer eine der wichtigsten Präsentationsregeln: Wenn Sie strukturiert sprechen, unterstellt man Ihnen automatisch Kompetenz.

Der Grund: Eine Struktur bietet den Zuhörern Hilfestellung, denn sie fühlen sich „an die Hand genommen“, müssen sich nicht selbst in einem Dschungel aus Zahlen, Fakten und Informationen orientieren und können sich deshalb voll auf die Inhalte konzentrieren und diese abspeichern. Wir kennen diesen Effekt vor allem bei einem geschriebenen Text: Absätze helfen uns dabei, uns beim Lesen richtig zurechtzufinden. Ein Text, der keinerlei Struktur aufweist, ist dagegen schwer zu erfassen, auch wenn der Inhalt derselbe ist. Warum sollte das bei einer Rede oder bei einer Präsentation anders sein? Es ist genauso. Ich kenne keine gute Präsentation, ausnahmslos keine, bei der nicht auch eine gute Struktur maßgeblich gewesen wäre.

Was die Gliederung betrifft, gibt es sowohl die Empfehlung, mit dem Zielsatz zu beginnen und dann die Argumente aufzuzählen, als auch den entgegengesetzten Weg zu gehen. Was ist denn nun richtig?

Es ist beides richtig! Sie müssen nur entscheiden, welche Variante im Hinblick auf Ihr Präsentationsziel taktisch klüger ist. Stellen Sie sich das vor wie bei einem Krimi. Mal ist der Mörder bekannt und die Spannung besteht darin, Motive und Hintergründe zu erfahren. Dann gibt es aber auch Krimis, bei denen zu Beginn ein Mord oder ein Verbrechen geschieht und das Ziel nur darin besteht, den Mörder zu ermitteln. Ähnliche Unterschiede gibt es in punkto Präsentation. Wenn es darum geht, mit einer Präsentation Informationen zu vermitteln und die Zuhörer Ihrem Thema und Ihren Absichten aufgeschlossen und offen gegenüberstehen, ist die sogenannte Pyramiden-Struktur hilfreich. Ist Ihr Ziel allerdings, das Publikum von etwas zu überzeugen und beispielsweise für eine Idee oder ein Produkt zu gewinnen, empfiehlt sich ein Aufbau, der auf der klassischen Fünf-Satz-Struktur fußt. Das heißt: Beide Strukturen sind „richtig" und Sie sollten idealerweise beide Wege beschreiten können.

Wie erstelle ich denn eine Präsentation nach der Pyramiden-Struktur?

Bei der Pyramiden-Struktur beginnen Sie mit Ihren Schlussfolgerungen und Ihrem Ergebnis und verwenden die verbleibende Zeit darauf, den Zuhörern zu erklären, weshalb Ihre Lösung die beste ist. Zum Beispiel bei Vorstandsvorlagen suggeriert dieses Prinzip eine passende Effizienz. Hier kann es sehr hilfreich sein, wenn die Empfehlung des Vortragenden, wie zum Beispiel „Wir sollten die Chancen auf dem osteuropäischen Markt wahrnehmen", auf Anhieb klar erkennbar ist und dann in der folgenden Präsentation mit Argumenten gestützt wird. Das Schöne an dieser Struktur ist: Als Zuhörer kann man nun, da man die Schlussfolgerung kennt, die folgenden Argumente sehr gut auf ihre Glaubwürdigkeit und Überzeugungskraft hin prüfen. Die Zuhörer lassen sich also nicht mehr bloß von Fakten und Informationen berieseln, sondern nehmen aktiv am Argumentationsprozess teil.

Und was sind die Vorteile einer Fünf-Satz-Struktur?

Immer wenn es darum geht, tatsächliche Überzeugungsarbeit zu leisten, stößt das Pyramiden-Prinzip an seine Grenzen. Warum? Nun, wenn wir jemanden überzeugen müssen, bedeutet das ja, dass derjenige unserem Ziel mit einer gewissen Distanz gegenübersteht. Sonst müssten wir ihn ja gar nicht erst überzeugen. Irgendetwas hält ihn also davon ab, unserer Schlussfolgerung zuzustimmen. Wenn wir nun zu früh mit der Tür – also unserer Absicht oder unserem Ziel – ins Haus fallen, kann es passieren, dass der andere mit seinen Gedanken abschweift, weil er sofort an all das denkt, was ihn davon abhält, uns zuzustimmen. Die Folge: Während unser Gegenüber diese Überlegungen anstellt, hört er der folgenden Argumentation gar nicht mehr aufmerksam zu, weil er schon längst mit der Gegenargumentation und dem Formulieren eines Einwandes beschäftigt ist. Unsere wichtigen Informationen und wohlüberlegten Argumente kommen dann gar nicht mehr richtig an. Wenn Sie also sicher gehen wollen,

Ihre Informationen und Ihre Argumentation an den Mann zu bringen, sollten Sie die konkrete Schlussfolgerung besser hinten anstellen und einen Spannungsbogen aufbauen, der schließlich zu Ihrem Ziel führt.

Aber wenn ich mich an diesen Aufbau halte, kann es dann nicht passieren, dass meine Zuhörer sich die ganze Zeit fragen, worauf das wohl hinausläuft?

Diese Frage bekomme ich recht oft gestellt und ich beantworte sie dann immer gerne mit einer Gegenfrage: Was kann Ihnen Besseres passieren? Je neugieriger und gespannter Ihre Zuhörer sind, desto aufmerksamer werden sie sich schließlich mit der Schlussfolgerung Ihrer Argumentation auseinandersetzen.

Wie kommuniziere ich die Fünf-Satz-Struktur?

Stellen Sie sich einfach einen Text vor, den Sie strukturiert haben. Meist macht man dafür nach den einzelnen Sinnabschnitten einen Absatz. Bei einem Vortrag gibt es diese Möglichkeit, einfach die Return-Taste zu drücken, leider nicht. Stattdessen gibt es jedoch verschiedenste Wege, einem Vortrag eine akustische Gliederung zu verpassen. Hier einige Beispiele:
Ich zeige Ihnen heute drei Wege zu mehr Umsatz …
Ich habe Ihnen fünf Empfehlungen mitgebracht …
Wir arbeiten uns in diesem Workshop vier wichtige Trends heraus …

Wie finde ich meine Struktur?

Wenn Sie mit einer Rede überzeugen wollen, dann muss diese klar und verständlich sein. Dazu ist eine gute Struktur hilfreich, denn sie sorgt dafür, dass Ihre Argumente und Ihre Botschaft optimal verständlich beim Zuhörer ankommen. Es gibt verschiedene Gliederungselemente, die Ihnen helfen können: Logik ist meines Erachtens ein sehr starkes Gliederungselement, weil sie – wenn sie stark genug ist – den Zuhörer wie ein Magnet zum Redeziel zieht. Sie fragen sich jetzt, wie Sie Logik hörbar machen? Ganz einfach mit allen gängigen Konjunktionen, wie zum Beispiel: Wenn ..., dann ...; daraus folgt; damit; um ... zu ... usw.

Auch eine Gliederung nach dem Schema „erstens, zweitens, drittens“ ist eine dankbare und sehr übersichtliche Gliederung für einen Vortrag. Benutzen Sie solche Gliederungswörter auch wirklich in Ihrer Präsentation, sie erleichtern dem Publikum das Zuhören.

Eine dritte, oft genutzte Gliederungsmöglichkeit ist das klassisch dialektische Prinzip von These, Antithese und Synthese, das häufig auch in modifizierter Form – zum Beispiel „Wo stehen wir, was wollen wir, was ist zu tun?“ – anzutreffen ist.

Sollte ich die Gliederung meiner Präsentation zu Beginn ankündigen oder zeigen?

Hier empfehle ich je nach Vortragslänge zwei Varianten: Sollte die Präsentation nicht allzu lange dauern – bis zu 20 Minuten etwa –, ist das Aufzeigen der Gliederung meines Erachtens nicht nötig und zudem eine unnötige Regieanweisung, die auf Kosten der Spannung gehen könnte. Sollte die Präsentation jedoch deutlich länger sein, kann eine Vorschau der Gliederung dem Zuhörer sehr gut helfen, sich zu orientieren. Der Grund: Kein Zuhörer kann bei einer längeren Präsentation ständig die volle Aufmerksamkeit an den Tag legen. Wenn er aber weiß, wann die für ihn interessanten Passagen an der Reihe sind, kann er seine „Zuhörer-Energie" sinnvoll verteilen.

Manchmal habe ich aber gar keine Zeit, mir eine optimale Struktur auszudenken. Oft werde ich innerhalb einer Sitzung oder eines Meetings aufgefordert, spontan etwas zu sagen. Wie kann ich so einer Stegreifrede Struktur geben?

In so einem Fall sollten Sie Folgendes beachten: Wenn Sie in Zukunft gebeten werden, aus dem Stand eine Präsentation zu halten, dann entscheiden Sie sich bereits in dem Moment, wenn Sie aufstehen und nach vorne gehen, für eine Struktur. Das heißt: Noch bevor Sie das erste Wort gesprochen haben, sind Sie sich schon im Klaren darüber, welcher konkreten Struktur Sie folgen werden. Entscheiden Sie sich spontan für einen bestimmten Dreisatz: „Gestern – heute – morgen", „Was ist – was soll sein – wie kommen wir da hin?" oder einfach nur „Erstens – zweitens – drittens". Ihr Kopf wird diese Struktur dann automatisch mit Inhalten füllen, vertrauen Sie Ihrem Verstand! Wenn Sie assoziativ loslegen, kommen Sie allzu schnell vom Hölzchen aufs Stöckchen und von einem strukturierten, souveränen Vortrag sind Sie meilenweit entfernt. Bringen Sie Struktur in Ihre Argumentation, damit man Sie wirklich versteht!

Wenn ich schließlich eine gute Struktur für meine Argumentation gefunden habe, was kann ich tun, um meine Argumente an sich möglichst überzeugend zu gestalten?

Für eine stichhaltige Begründung Ihrer Thesen stehen verschiedene Argumentationsarten zur Verfügung. So ist zum Beispiel das faktenbezogene Argument in unserem Argumentationsalltag sehr verbreitet. Für ein Rauchverbot werden dann Studien über die gesundheitlichen Risiken des Passivrauchens ins Feld geführt, und für die Diskussion um Steuersätze müssen Diagramme herhalten, die den Steuersatz im Vergleich zu anderen Staaten zeigen.

Für diese Form des Argumentierens spricht, dass Sie Ihre Beweisführung im wahrsten Sinne des Wortes mit nachprüfbaren Fakten untermauern können: Schaut her, ich habe es schwarz auf weiß! Noch dazu können Sie sich auf das Prestige namhafter Institute und die Forschungsergebnisse allgemein anerkannter Untersuchungen berufen. Der Vorteil: Derartige Fakten vermitteln Kompetenz, besitzen ein hohes Maß an Glaubwürdigkeit und sind – zumindest auf den ersten Blick – kaum widerlegbar.

Allerdings hat die faktenbezogene Beweisführung auch einen Haken: Nicht immer lassen sich Studien und andere Fakten auch tatsächlich auf die von Ihnen angesprochene Situation übertragen. Auch kann eine Quelle durchaus fragwürdig sein oder es existieren Konkurrenzstudien, die genau das Gegenteil belegen. Manche Zuhörer schließlich halten es gar mit Churchill, der den berühmten Satz sprach: „Ich traue nur der Statistik, die ich selbst gefälscht habe.“ Sie sind dementsprechend erst einmal prinzipiell skeptisch.

Es gibt also Stärken und Schwächen bei faktenbezogenen Argumenten. Welche Argumente kann ich denn alternativ gebrauchen?

Alternativ können Sie beispielsweise mit persönlichen Erfahrungen argumentieren. Eine persönliche Erfahrung ist kaum zu widerlegen, denn sie wurde ja tatsächlich erlebt. Kein Wunder daher, dass diese Form der Argumentation meist als sehr authentisch und echt erlebt wird. Allerdings stellt sich auch hier wieder die Frage, inwieweit subjektiv Erlebtes auf andere Situationen übertragbar ist und ob es nicht auch andere Erfahrungen geben kann, die zu einer anderen Schlussfolgerung führen würden. Eine weitere Schwierigkeit: Diese Form der Beweisführung ist natürlich auch eng an die vortragende Person gebunden. Ist der Redner nicht glaubwürdig, so ist auch sein Argument nicht glaubwürdig, während andererseits ein charismatischer Redner auch mit sehr subjektiven Eindrücken überzeugen kann.

Fast so wirkungsvoll wie eine faktenbezogene Argumentation ist die Alternative, Experten und Fachleute mit ins Boot zu holen, um Argumente ins rechte Licht zu rücken. Expertenmeinungen und Aussagen möglichst unanfechtbarer Autoritäten sind immer ein sehr beliebtes Mittel, um die Stichhaltigkeit eigener Thesen zu belegen. Solche Argumentationen eignen sich dann ganz wunderbar, wenn die zitierte Person über hohes Ansehen verfügt und obendrein tatsächlich als Experte für das entsprechende Thema gilt. Ist dies nicht der Fall, ist Vorsicht geboten: Das Expertenwissen eines bestimmten Fachgebietes lässt sich nicht ohne Weiteres auf andere Bereiche übertragen. Ein zitierter Experte muss also anerkannt sein, sonst steht die Glaubwürdigkeit Ihres Vortrags auf wackligen Füßen.

Die unterschiedlichen Argumentationsformen bieten also Vor- und Nachteile. Wie stelle ich sicher, dass ich mich für die richtigen Argumente entscheide?

Die Spannbreite an Argumentationsmethoden ist sehr groß. Neben den bereits genannten Möglichkeiten, um unsere Aussagen argumentativ hervorzuheben, lässt sich zum Beispiel auch mit Werten und Normen argumentieren oder wir können uns auf Logik berufen. Wichtig ist jedoch vor allem, bewusst zu erkennen, dass jedes Argument sowohl seine Stärken als auch seine Schwachpunkte haben kann. Wenn Sie sich also auf Ihre Präsentation vorbereiten, dann verlassen Sie sich bitte nicht auf eine einzige Art von Argumenten. Warum? Nun, unterschiedliche Menschen lieben unterschiedliche Argumente. Machen Sie sich deshalb Gedanken, ob und wie Sie Ihre Begründungen möglichst variationsreich gestalten können. Auf diese Weise wirken Sie überzeugender und gleichzeitig wird Ihre Präsentation lebhafter und spannungsreicher.

Wie kann ich Spannung aufbauen, wenn die Präsentation einmal etwas länger dauert?

Eine einfache und zugleich wirkungsvolle Möglichkeit, kurzfristig Spannung aufzubauen, ist ganz einfach, diese anzukündigen. Mit folgenden Formulierungen können Sie die Neugier Ihres Publikums wecken:

- „Jetzt verrate ich Ihnen etwas ..."
- „Jetzt wird es interessant ..."
- „Spitzen Sie die Ohren ..."
- „Und jetzt plaudere ich mal aus dem Nähkästchen ..."

Bevor Sie also einen interessanten Aspekt bringen, von dem Sie möchten, dass er haften bleibt, bauen Sie mit einer der genannten oder einer ähnlichen Formulierung kurzfristig Spannung auf. Grundsätzlich gilt: Überlegen Sie immer, welche zusätzlichen Stimulanzen Sie in Ihre Präsentation einbauen können.

Was können solche zusätzlichen Stimulanzen sein?

Jede Form von Dynamik ist ein gutes Mittel gegen Monotonie. So kann es zum Beispiel sehr hilfreich sein, die Zuhörer dazu zu bringen, einmal die eigene Perspektive zu wechseln, vielleicht durch eine Stellwand, ein Chart, ein Poster oder ein Bild auf der anderen Seite des Raums. Aufmerksamkeit kann auch ein außergewöhnlicher Gegenstand erregen, der vielleicht sogar interaktiv in die Präsentation eingebaut wird. Ich habe einmal einen Vortrag von Jens Weidner („Die Peperonistrategie") gehört. Er hat einen Totschläger mitgebracht, den er einmal von einem ehemaligen Gefängnisinsassen geschenkt bekommen hatte. Während er die dazugehörige Story erzählte, ließ er den Totschläger einmal herumgehen. Diese Gelegenheit für die Zuhörer, etwas anzufassen, also eine zusätzliche Sinnesebene zu nutzen, kann sehr stimulierend sein.

Sie können das Publikum auch auf andere Weise aktiv mit einbinden. Besonders leicht gelingt das mit einer Abstimmungsfrage. Ideal sind „Wer von Ihnen ..."-Fragen. Hier ein kleiner Tipp: Heben Sie bei der Abstimmung ebenfalls die Hand, damit jeder Zuhörer weiß, was er tun soll. Wichtig ist vor allem, dass die Frage etwas mit Ihrem Thema zu tun hat und Sie die Antwort auch einigermaßen vorhersehen können, schließlich geht es auch hier darum, eine Brücke zu Ihrer Botschaft zu bauen.

Was gibt es schließlich beim Präsentationsende zu beachten? Gibt es beim Schluss ebenso mögliche Stolpersteine wie beim Einstieg?

Peter Ustinov sagte einmal: „Der Schlüssel zu einer guten Rede lautet: Man braucht einen genialen Anfang, einen genialen Schluss und möglichst wenig dazwischen." Was er damit meinte: Der letzte Eindruck bleibt am intensivsten im Gedächtnis. Also sollte der Vortrag mit einem Feuerwerk der Überzeugungskraft enden und nicht seicht, langweilig oder bedeutungslos. Ihre Zuhörer haben das nicht verdient, vermeiden Sie daher folgende phrasenhafte Enden wie zum Beispiel:

„Vielen Dank für Ihre Aufmerksamkeit" – Bringen Sie diesen Satz bitte nur, wenn Sie wirklich das Gefühl haben, dass Ihre Präsentation grottenschlecht war. Der Grund: Die Übersetzung dieses Satzes müsste lauten: „Für einen guten Schluss hat es einfach nicht gereicht, aber bitte applaudieren Sie trotzdem!" Der Applaus, den Sie hier ernten, ist allenfalls ein mechanischer, routinemäßiger Applaus. Lassen Sie diesen Satz deshalb einfach einmal weg. Sie werden sehen: Sie sind in der Lage Atmosphäre aufzubauen, und zwar mit einem guten Schluss. Das wird nicht nur Ihre Zuhörer überzeugen, sondern auch Sie als Präsentator! Kann sein, dass Sie ein paar Sekunden Stille aushalten müssen, doch dann denken Sie bitte an folgendes Zitat von Dieter Nuhr: „Ein guter Redner bringt sein Publikum nicht zum Applaudieren. Ein guter Redner bringt sein Publikum zum Schweigen."

Um die Gefahr eines floskel- und phrasenhaften Schlusssatzes sicher zu umgehen, rufen Sie sich einfach in Erinnerung, was Sie selbst schon oft gehört haben und nicht mehr hören können. Der letzte Eindruck sollte nicht hohl und nichtssagend daherkommen. „Ich bin nun am Ende meiner Ausführungen angelangt und hoffe, dass ich keine Fragen offen gelassen habe." Solche und andere konventionelle Schlusssätze gehören nicht an das Ende einer gelungenen Präsentation. Sie bringen Ihr Publikum um Ihr atmosphärisches Schlussfeuerwerk!

Warum ist ein guter Schluss so wichtig?

Eine überlange Rede ist das schlimmste Verbrechen, das Sie Ihrem Publikum antun können. Wichtigste Vortragsregel: Kommen Sie zum Ende, wenn Sie all das gesagt haben, was Sie sagen müssen, um Ihren Standpunkt klar zu machen. Sagen Sie auf gar keinen Fall alles, was Sie zu einem Thema sagen *könnten.*

Allzu oft erfüllt das Ende vieler Reden nicht einmal die Mindestanforderung: eindeutig als Ende erkennbar zu sein. Regel Nummer zwei lautet daher: Ihr Publikum muss wissen, wann es applaudieren soll, die Jacken anziehen und gehen kann oder das Glas zum Prosit anheben darf. Nichts ist schlimmer, als wenn Sie am Ende angelangt sind und es hat keiner gemerkt.

Der Schluss einer Rede birgt ein riesiges Potenzial an Überzeugungskraft. Auch Churchill plädierte dafür, dass Redner ein dramatisches Ende wählen, da das Ende der letzte Eindruck ist, den der Redner – und seine Rede – beim Publikum hinterlassen. Kein Wunder: Die letzten Worte sind diejenigen, die Herzen gewinnen und Stimmen oder worauf Sie sonst noch spekulieren. Allzu oft bleibt dieses Potenzial aber leider ungenutzt und wird leichtfertig verschenkt.

Ich gehe sogar so weit zu sagen: Ein flammendes Ende kann selbst eine lauwarme Rede retten. Doch am Ende noch einmal zur Hochform aufzulaufen ist nicht einfach. Nicht umsonst sind sich viele professionelle Redner und Redenschreiber einig, wenn sie sagen: „Eine Rede kann wie Treibsand sein. Sie kommen leichter hinein als wieder heraus.“ Denn im Gegensatz zu der Gnadenfrist am Anfang, in der Ihnen Ihr Publikum eine Chance geben will, ist das Ende der Rede für die meisten Zuhörer eine Art Befreiung, auf die sie warten, damit sie sich danach wieder um ihre eigenen Angelegenheiten kümmern können.

Ihre Aufgabe: Haben Sie den Mut, mit dem Ende Ihrer Rede große Ziele zu verfolgen. Denn das Ende Ihrer Rede entscheidet darüber, was Ihre Zuhörer mit auf den Weg nehmen. Überlassen Sie dies nicht dem Zufall!

Was bietet sich für einen guten Schluss an?

Sie sollten zwei Ansprüche an Ihren Schluss haben: Erstens sollte er in den Köpfen haften bleiben und deshalb nicht zu lang und zu kompliziert sein. Zweitens sollte er es wert sein, in den Köpfen zu bleiben. Ein bisschen geistreich darf es also schon sein.

Verleihen Sie dem Ende Ihrer Rede Flügel, damit das, was Sie zu sagen haben, Ihre Zuhörer auch dann noch begleitet, wenn Sie sich schon längst vom Podium verabschiedet haben. Überlegen Sie sich, welche Reaktion Sie sich von Ihren Zuhörern wünschen und schneiden Sie das Ende daraufhin zu. Vielleicht sollen Ihre Zuhörer auf eine bestimmte Weise über ein Thema denken, vielleicht soll Ihr Publikum etwas Konkretes tun – sich beispielsweise mehr für die Belange im eigenen Unternehmen engagieren –, gestalten Sie Ihren Schluss dementsprechend.

Wenn Sie wollen, dass Ihr Publikum aktiv wird, ist der Weg zum Erfolg nicht schwer: Fordern Sie Ihre Zuhörer zu der Aktion auf, die Sie sich wünschen. In Verkaufsgesprächen nennt man diese Technik „Closing the Sale“. – Wenn es darum geht, den Abschluss zu machen, den Auftrag zu bekommen oder den Vertrag zu unterschreiben, reichen keine lauwarmen Floskeln. Da müssen starke Gründe vorgebracht und ein Gefühl von „Jetzt oder nie“ transportiert werden.

Glauben Sie mir: In dieser Welt mit ihrer nie enden wollenden Fülle an Wahlmöglichkeiten freuen sich die meisten Menschen, wenn man ihnen bei der Entscheidungsfindung ein wenig auf die Sprünge hilft. Genau darum sollte es deshalb auch beim Ende Ihrer Rede gehen: Helfen Sie Ihrem Publikum auf die Sprünge! Sagen Sie ihm, was es tun soll. Sprechen Sie es aus und geben Sie Ihrem Publikum Gründe, die handfest und plausibel sind und mit denen Sie drei Grundemotionen Ihrer Zuhörer ansprechen:

Grundemotion Stolz: Appellieren Sie an den Stolz Ihres Publikums. Dabei kann es sich um den Stolz auf das Unternehmen handeln, den Stolz auf den eigenen Beruf oder den Stolz darauf, Bestandteil einer irgendwie gearteten Gemeinschaft zu sein.

Grundemotion Hoffnung: Wecken Sie einen Funken Hoffnung in Ihren Zuhörern. Zeichnen Sie eine Zukunftsvision, in der Wichtiges erreicht wurde. Spenden Sie Hoffnung, dass morgen etwas erreicht werden kann, was heute noch unmöglich scheint.

Grundemotion Angst: Bei Ihrem Publikum Angst und Schrecken zu verbreiten, ist natürlich nicht die feine englische Art. Aber es kann in moderaten Dosierungen durchaus wirkungsvoll sein, allgemeine Ängste anzusprechen, wenn Ihre Rede sich mit entsprechenden Themen beschäftigt. Geht es beispielsweise um globale Erwärmung oder die gesundheitlichen Risiken des Rauchens, dann ist es durchaus legitim, die Gefahren zu erwähnen, die drohen, wenn nicht umgehend gehandelt wird.

Sobald Sie wissen, was Sie erreichen wollen, können Sie mit der Suche nach dem passenden Ende beginnen. Finden Sie eine mitreißende Anekdote, eine Redewendung, die Ihre Botschaft transportiert, ein erhellendes Zitat oder ein paar persönliche Worte, mit denen Sie Ihre Zuhörer zum Lachen, zum Nachdenken oder zum Handeln motivieren.

Einer meiner Lieblingsabschlüsse beginnt je nach dem Thema meiner Rede ungefähr so: „Vergegenwärtigen wir uns noch einmal das Ziel meiner heutigen Präsentation: Es ging darum, Ihnen wichtiges Handwerkszeug für die Vorbereitung einer packenden Rede vorzustellen." Danach kann ich mich gewandt auf meinen Redeeinstieg beziehen, mit einer witzigen Anekdote meine wichtigsten Argumente stützen oder mit einem Zitat punkten. Sie als Präsentator dürfen Ecken und Kanten haben, Ihre Präsentation aber sollte eine runde Sache sein.

Sollte ich das Ende ankündigen, um Spannung aufzubauen?

Wie an jedem anderen Punkt Ihrer Präsentation gilt auch beim Ende Ihrer Rede: Sagen Sie nicht, was Sie tun wollen – tun Sie es einfach. Leiten Sie Ihr Ende deswegen auf gar keinen Fall mit den üblichen „Ich komme zum Ende"-Worten ein. Ich kann Ihnen versprechen: Sobald das Publikum die Ansage „Bevor ich zum Ende komme, will ich noch einmal das Wichtigste zusammenfassen" hört, fängt es an, die Taschen zu packen und nach den Jacken zu greifen.

Gibt es bestimmte Sätze, die sich gut in einen Redeschluss integrieren lassen? Vielleicht gibt es ja auch hier Empfehlungen, für den Fall, dass mir einmal nichts einfällt?

Es gibt keine Patentlösungen, der Redeschluss wird am besten situativ beschlossen. Hier ein paar letzte Sätze, die ich einmal gehört habe und die sich unter Umständen auch für Ihre Präsentation eignen:

- „Ich hoffe, was Sie hier gehört haben, hat Sie gut unterhalten. Manche Zuhörer verlassen meine Vorträge enorm inspiriert. Andere wachen erfrischt auf."
- „Lassen Sie mich noch eines sagen, bevor wir uns auf den Weg in die kommenden Monate machen: Wir können entweder den Fahrstuhl nehmen oder wir können die Treppen wählen und zwei Stufen auf einmal nehmen. Dann werden wir vorher da sein, und wir werden wissen, was kommen wird."

- „Unsere Reden sind vorbei und ich möchte Sie bitten, die Fragebögen auszufüllen. Bitte denken Sie daran: Leserlichkeit ist eine Tugend. Und Schimpfworte werden nur akzeptiert, wenn sie künstlerisch wertvoll sind."
- „Wenn ich Ihre Aufmerksamkeit mit einer guten Rede halten konnte, dann ist jetzt der richtige Zeitpunkt, zum Ende zu kommen. Und wenn es eine schlechte Rede war, dann ist jetzt allerhöchste Zeit, zum Ende zu kommen."
- „Es war meine Aufgabe, zu reden und Ihre, zuzuhören. Ich hoffe, wir kommen zur gleichen Zeit zum Ende."
- „Im Jahre 50 vor Christus schrieb jemand die folgenden Worte an eine antike Mauer: „Die Rede ist das Abbild der Gedanken. So wie die Gedanken sind, so ist die Rede." In meiner heutigen Rede habe ich versucht, Ihnen meine Gedanken näher zu bringen. Ich weiß, dass meine Worte nicht so lange wie das Zitat von eben überleben werden. Aber wenn sie Ihnen einige Anregungen zum Nachdenken gegeben haben – dann bin ich überaus zufrieden."
- „Und nun, meine sehr geehrten Damen und Herren, können Sie mich alles fragen, was Ihnen auf der Seele brennt. Wenn ich die Antwort weiß, werde ich Ihnen antworten. Und wenn ich sie nicht weiß – werde ich Ihnen trotzdem antworten."

3. Die Kraft von Bilderwelten und Storytelling nutzen

Kaum etwas hat so viel Macht, in unser Bewusstsein und gar bis in unser Unterbewusstsein zu dringen, wie ein starker visueller Reiz bzw. ein eindrucksvolles Bild. Eine Präsentation bietet hier natürlich in erster Linie die Möglichkeit, mit tatsächlichen Bildern, Illustrationen etc. zu arbeiten. Doch auch sprachliche Bilder in Form von Metaphern, Anekdoten und Geschichten sind für einen lebendigen Vortrag ein absolutes Muss und in der Lage, die entscheidenden Botschaften noch eindringlicher zu transportieren.

Immer öfter hört man, dass man in eine Präsentation immer einige Geschichten oder Metaphern einbauen soll. Warum sind Geschichten für die Zuhörer so interessant?

Auf diese Frage gibt es gleich mehrere Antworten. Generell hat das Erzählen von Geschichten bzw. Metaphern eine sehr lange Tradition. Denken wir nur an Äsop und seine Tierfabeln oder Jesus und seine Gleichnisse. In den Geschichten von 1001 Nacht rettete Scheherazade sogar ihr Leben durch ihre Erzählkunst. – Doch warum haben Geschichten bzw. Metaphern so eine Macht? Nun, zum einen sind Geschichten in der Lage, komplizierte Sachverhalte einfach und präzise darzustellen. Schon in der Kindheit halfen Geschichten uns, die Welt zu verstehen. Zum anderen besitzen sie natürlich einen nicht zu unterschätzenden Unterhaltungswert und können mit ein paar rhetorischen Tricks zu einem Highlight innerhalb der Präsentation werden. Und nicht zu vergessen: Bildhafte Geschichten beeinflussen direkt unser Unterbewusstsein und bleiben so intensiver haften als reine Theorie. Zwar können Geschichten niemals die harten Fakten Ihrer Präsentation ersetzen, aber sie vervollständigen das Bild und werten trockene Zahlen, Daten und Fakten auf.

Wie sind Bilder in der Lage, komplexe Zusammenhänge zu erklären?

Gut zu reden heißt oft, sich trefflich und vor allem verständlich ausdrücken zu können. Dabei können uns rhetorische Figuren – wie etwa die Metapher – einen hervorragenden Dienst erweisen. – Stellen Sie sich nur mal folgende Situation vor: Sie müssen Ihrem Publikum die intensive Verbindung von Millionen von Computern erklären. Die Herausforderung bei der Sache: Sie sprechen nicht zu versierten Computerfachleuten, die Sie leicht für technische Einzelheiten interessieren können, sondern zu Laien, denen Sie das Prinzip in leicht verständlichen, aber unbedingt eindringlichen Worten illustrieren sollen.

Tatsächlich ist die Computerwelt schon vor die hier skizzierte Aufgabe gestellt worden, als eine neue Technologie der Datenübermittlung eingeführt wurde. Um diese zu verdeutlichen, wurde als rhetorische Figur eine Metapher aus der Welt der Natur herangezogen: Die Verbindung zwischen unzähligen Computern ähnelt einem großen Spinnennetz, das unendlich viele Punkte miteinander verknüpft. Ein Datennetz also, das sich über die ganze Erde erstreckt: das World Wide Web bzw. Internet. Das sogenannte WWW ist für uns heute längst nicht mehr wegzudenken – und auch die Bezeichnung Internet haben wir längst verinnerlicht. Kein Wunder, die bildhafte Bezeichnung macht uns sofort und sehr eindrücklich deutlich, worum es geht. Ein Effekt, der dazu führt, dass eine Metapher irgendwann zur Alltagssprache gehört.

Man sieht, Metaphern können eine wirklich durchschlagende sprachliche Wirkung entfalten: Sie schaffen ein Bild vor unseren Augen, indem ein lebendiger Ausdruck an die Stelle einer abstrakten, unlebendigen Erklärung tritt und ersetzen beispielsweise die schwierige Bezeichnung „Weltweite Datenübertragungstechnik“ durch den simplen Begriff „World Wide Web“.

Hier einige weitere Beispiele für lebendige Ausdrücke:

Sachverhalt, Gegenstand, Eigenschaft	**Metapher**
Außenseiter	schwarzes Schaf
reines Gewissen	weiße Weste
Wir sollten nicht mehr gegeneinander handeln.	Lassen Sie uns die Gräben zuschütten.
Kamel	Wüstenschiff

Wenn Sie nur einmal kurz überlegen, werden Sie feststellen, dass viele Metaphern bereits in unseren alltäglichen Sprachgebrauch übergegangen sind, wie etwa *das Haupt der Familie* oder *die Spitze des Eisbergs.* Das kann natürlich auch dazu führen, dass manche Metaphern sich irgendwann abnutzen, weil sie uns ständig begegnen, wie etwa *der rote Faden* oder *der springende Punkt.*

Fakt ist jedoch: Die Metapher ist eines der wirksamsten Mittel, um einem Sachverhalt mehr Bedeutung zu verleihen, denn packende Bilder bleiben in Erinnerung.

Wie kommt man auf solche Bilder und Metaphern?

Zunächst einmal benötigen wir eine Botschaft, die wir transportieren und in ein Bild übersetzen wollen. Ein Beispiel: Schwierige Gespräche sollte man zeitnah führen, sonst wird die Konfliktlösung immer problematischer.

In einem zweiten Schritt bilden wir die abstrakte Botschaft, die hinter dieser Aussage steckt. In diesem Fall: Je früher man etwas erledigt, desto besser. Oder: Ein Unheil, das man ruhen lässt, wird immer größer.

Komplett wird die Bildersuche schließlich durch den dritten Schritt. Sagen Sie sich Ihre abstrakte Botschaft immer wieder vor. Vertrauen Sie mir: Irgendwann werden Bilder dazu vor Ihrem inneren Auge auftauchen. Bei unserem Beispiel kommen mir gleich mehrere Bilder in den Sinn:

- Einen rollenden Schneeball kann man noch zertreten, eine rollende Lawine hält keiner mehr auf.
- Sobald man eine Krankheit entdeckt, sollte man sie behandeln lassen, da die Heilungschancen am Anfang stets am größten sind.
- Das Auto zeigt Schwierigkeiten mit dem Öl oder den Bremsbelägen an. Je länger Sie mit der Reparatur warten, desto größer ist die Gefahr, der Sie sich aussetzen.

Diese Vorgehensweise ist meines Erachtens ein sicherer und guter Weg, passende Bilder und Metaphern zu entwickeln. Übrigens: Es hält Sie niemand davon ab, Ihr Bild zusätzlich in eine Geschichte oder Anekdote einzubetten.

Wie lassen sich Geschichten für einen Vortrag nutzen?

Es ist so: Unser Kommunikationsziel gibt uns vor, welche Art von Geschichten erzählt werden sollte. Um als Redner menschlich und sympathisch zu erscheinen und nebenbei auch noch die gewünschten Botschaften gezielt im Kopf der Zuhörer zu verankern, finde ich persönliche Geschichten besonders geeignet.

Geht es weniger um persönliche Wirkung, sondern vielmehr darum, deutlich zu machen, dass eine Angelegenheit komplex ist und unterschiedliche Betrachtungsweisen zulässt, kann man es mit folgender Geschichte versuchen:

Ein armer Bauer hat nur einen wertvollen Besitz: ein Pferd. Eines Tages läuft das Pferd davon. Der Nachbar kommt und beklagt den großen Verlust. Der Bauer hört es sich an und zuckt darauf mit den Schultern: „Ist es gut, ist es schlecht?" Am nächsten Tag kehrt das Pferd zusammen mit einer ganzen Herde von Wildpferden zurück. Der Nachbar kommt erneut und begrüßt überschwänglich das unerwartete Glück. Der Bauer hört es sich an, zuckt mit den Schultern und sagt: „Ist es gut, ist es schlecht?" Daraufhin bricht sein Sohn sich eines Tages beim Zureiten eines der Wildpferde ein Bein. Wieder kommt der Nachbar herbei, schimpft über das Unglück und der Bauer antwortet mit: „Ist es gut, ist es schlecht?" Ein Krieg bricht aus, der Sohn des Bauern wird als einziger nicht eingezogen, da er untauglich ist aufgrund seines Beinbruches. Der Nachbar lässt nicht lange auf sich warten, eilt herbei und beglückwünscht ihn zu diesem segensreichen Umstand. Der Bauer zuckt mit den Schultern und antwortet erneut: „Ist es gut, ist es schlecht?"

Ein weiteres Beispiel nutze ich häufig in meinen Seminaren zum Thema „Umgang mit schwierigen Zeitgenossen". Hier appelliere ich häufig an meine Zuhörer, immer das Gespräch zu suchen, anstatt schwierigen Zeitgenossen aus dem Weg zu gehen. Wie könnte ich diese Botschaft besser verdeutlichen als mit folgender Geschichte, die ich im Internet gefunden habe:

Großer Aufruhr im Wald! Es geht das Gerücht um, der Bär habe eine Todesliste.
Alle fragen sich, wer denn nun da draufsteht. Als Erster nimmt der Hirsch allen Mut zusammen und geht zum Bären und fragt ihn: „Sag mal Bär, steh ich auch auf deiner Liste?"
„Ja", sagt der Bär, „auch dein Name steht auf der Liste".
Voller Angst dreht sich der Hirsch um und geht. Und wirklich, nach zwei Tagen wird der Hirsch tot aufgefunden.
Die Angst bei den Waldbewohnern steigt immer mehr. Und die Gerüchteküche um die Frage, wer denn nun auf der Liste stehe, brodelt. Der Keiler ist der Erste, dem der Geduldsfaden reißt und der den Bär aufsucht, um ihn zu fragen, ob er auch auf der Liste stehen würde.
„Ja", antwortet der Bär, „auch du stehst auf der Liste".
Verängstigt verabschiedet sich der Keiler vom Bären. Und auch ihn fand man nach zwei Tagen tot auf.
Nun bricht die Panik bei den Waldbewohnern aus. Nur der Hase traut sich noch den Bären aufzusuchen.
„Bär, steh ich auch auf der Liste?"
„Ja, auch du stehst auf der Liste."
„Kannst du mich da streichen?"
„Ja klar, kein Problem."
Fazit: Kommunikation ist alles!

Sie merken selbst: Mit solchen Geschichten und Anekdoten können Sie Ihre Botschaften nachhaltig im Zuhörerkopf verankern und außerdem noch für gute und lockere Stimmung während Ihrer Präsentation sorgen. Achten Sie aber immer darauf, dass jede Geschichte sich wirklich in hohem Maße auf Ihre Botschaft konzentriert.

Wie kann man Bilder einsetzen, um schlagfertig zu reagieren?

Bilder können uns auch hervorragende Dienste erweisen, wenn es mal kritisch wird, denn gut eingesetzt lassen sie oft keine Fragen mehr offen. So antwortete beispielsweise Guido Westerwelle auf die Frage, ob er eine Koalition mit den Sozialdemokraten ausschließen könne, mit den Worten: „Ich kann auch nicht ausschließen, dass ich gegen eine Laterne laufe, wenn ich das Gebäude hier verlasse. Aber ich strebe es nicht an." Auch Kurt Beck beweist hin und wieder seine Schlagfertigkeit, indem er auf die Kraft von Bildern setzt. In einem ZEIT-Interview sagte er einmal: „Politik ist die Kunst des Möglichen. Man kann nur mit den Mädchen tanzen, die im Saal sind." Weitere Beispiele seiner bildhaften Sprache: „Mit Gänsen können Sie schlecht über Weihnachten reden." Oder: „Wir können uns nicht verhalten wie der Hase im Feld, der sich in der Furche duckt und die Ohren anlegt, wenn der Wind pfeift." Auch wenn Heiner Geißler zu viele Wolkenschlösser gebaut wurden und man ihn mit „Wenn ..."-Sätzen in scheinbare Bedrängnis brachte, nutzte er manchmal ein Bild, um die Diskussion schlagfertig zu beenden: „Wenn Eichhörnchen Pferde wären, dann könnten wir die Bäume hochreiten." Damit war dann meist alles gesagt. Der Grund: Solche Bilder kommen intuitiv und leicht verdaulich daher und erscheinen somit sehr überzeugend. Gegen solche Bilder ist auf die Schnelle kein Kraut gewachsen und so mancher Kritiker daher schnell entwaffnet.

Manchmal eignen sich Bilderwelten, um gleich einige Analogien daraus zu entwickeln und so der Präsentation oder dem Vortrag eine ganz spezielle Note zu geben. Wie kann ich solche Bilderwelten schaffen?

Die Vorbereitung darauf ist gar nicht so schwer, wie es scheint. Erinnern Sie sich noch an das Thema Analogien in Kapitel I? Nun taucht die erzwungene Analogie wieder auf. Nehmen Sie sich einmal ein paar Minuten Zeit, um ein paar Bilderwelten zu schaffen. Hier einige Beispiele:

Marathon: Vorbereitung, Training, Zieleinlauf, Glückshormone, Disziplin, Trainingsplan, Elektrolythaushalt, Aufwärmphase, Energie, Fettverbrennung, Windschatten, Laufschuhe.

Raumfahrt: Countdown, Start, Umlaufbahn, Raumstation, Orbit verlassen, Satellit, Raumanzug, Antrieb, Entdeckung, Marsexpedition, Mondlandung, Schwerelosigkeit.

Kochen: Rezept, Filetstück, nichts anbrennen lassen, verfeinern, würzen, Kochschürze, kleine Brötchen backen, Michelin-Stern ...

Haben Sie sich eine eigene parallele Bilderwelt zu Ihrem Vortrag entwickelt, erzwingen Sie Analogien von Ihren Botschaften und Argumenten zu den Bestandteilen Ihrer Bilderwelt. Sie werden sehen: Das funktioniert einfacher, als Sie denken!

Woran erkenne ich, welche Bilderwelt am besten zu meinem Thema passt?

Um die passende Bilderwelt für Ihre Präsentation zu finden, sollten Sie sich zunächst einmal in die Köpfe und die Interessen Ihrer Zuhörer hineinversetzen. Generell regen Vergleiche immer die Vorstellungskraft an und verbessern so das Verständnis des Publikums. Optimal wird die Kommunikation zwischen Ihnen und Ihren Zuhörern, wenn Sie diese in eine Bilderwelt entführen, die sie auf einer persönlichen Ebene anspricht. Welche das ist – ob Sport oder Kochen, Mozart oder Beckenbauer –, entscheiden Sie alleine, denn Sie kennen Ihr Publikum am besten.

Bietet sich an dieser Stelle nicht auch die Arbeit mit einem Gegenstand an?

Auf jeden Fall. Falls möglich können und sollten Sie sogar das Bild, das Sie benutzen, als greifbares Objekt in Ihre Präsentation einbauen und die Wirkung des bildhaften Vergleichs damit noch intensivieren. Mir fallen hierzu gleich zwei Beispiele ein, durch die mir die vermittelte Botschaft eindrucksvoll in Erinnerung geblieben ist:

Vom Bundesgeschäftsführer der FDP, Hans-Jürgen Beerfeltz, wird berichtet, dass er zu Strategie-Workshops gerne einmal mit einer Tüte voller Tennisbälle kommt. Er bittet dann jemanden, der ihm gegenübersitzt, aufzustehen und die Tennisbälle, die derjenige zugeworfen bekommt, zu fangen. Beerfeltz wirft sechs, sieben Bälle gleichzeitig, und es ist klar, dass sein Gegenüber kaum einen oder vielleicht sogar gar keinen der Bälle fangen kann. Dann gibt es eine zweite Runde: Beerfeltz wirft nun einen Ball nach dem anderen. Und jetzt kann fast jeder Ball mühelos gefangen werden. Beerfeltz spannt dann den Bogen zu seiner Botschaft: Auch mit der politischen Kommunikation läuft es entweder wie im ersten Fall, was der gängigen Praxis entspricht, oder wie im zweiten Fall, nämlich so, wie es praktiziert werden sollte. Fazit: Gute Kommunikation ist Komplexitätsreduktion! Ein Satz, der ohne metaphorische Unterstützung sicher nicht haften geblieben wäre, aber durch eine simple Requisite leicht verständlich gemacht wurde.

Ein weiteres Beispiel für die effiziente Einbindung von „symbolischen“ Gegenständen begegnete mir bei dem Vortrag eines Vertriebsexperten. Der Redner brachte einen Luftballon mit einer Nadel zum Platzen, und mit dem Knall fiel eine Münze zu Boden, die in dem aufgeblasenen Luftballon versteckt war. Seine Botschaft war äquivalent: Nicht das Volumen der Aufträge ist entscheidend für den Erfolg, sondern das Ergebnis.

So effektvoll der Einsatz von Requisiten auch sein kann, Sie sollten trotzdem eines beachten: Einen Gegenstand innerhalb Ihrer Präsentation sollten Sie nur verwenden, wenn Sie dies in Ihrem Opener noch nicht getan haben. Grundsätzlich gilt nämlich auch hier, wie in der Homöopathie: Das Maß ist entscheidend. Gehen Sie deshalb bitte – insbesondere wenn Sie mit Gegenständen arbeiten – maßvoll mit solchen Effekten um, sonst hält man Sie am Ende noch für einen Gemischtwarenhändler.

Was mache ich, wenn Bilder oder Vergleiche nur schwer zu verstehen sind?

In so einem Fall gibt es nur eine richtige Taktik, auch wenn es schwerfallen sollte: Weglassen! Schwere Dekodierungsarbeit und Entschlüsselungsbemühungen gehören vielleicht in die Lyrik, nicht aber in eine gute Rede – der Schwierigkeitsgrad einer Redemetapher darf eine gewisse Grenze nicht überschreiten, sonst kehrt der Effekt der bildhaften Sprache sich ins Gegenteil um.

Wir müssen als Redner also darauf achten, dass unser vergleichendes Bild uns einen Aussagevorsprung verschafft, schließlich sollen unsere Zuhörer einen inhaltlich-emotionalen Mehrwert aus unserer Metapher ziehen, anstatt während der ganzen Präsentation an Bedeutung und Sinn unserer Figur herumzurätseln. Ihre Metapher sollte weder zu leicht noch zu schwer sein, sondern in erster Linie gefällige Bilder verwenden. Denken Sie dabei immer an folgende Regel: Das Bild muss nicht Ihnen als Sender, sondern dem Empfänger gefallen.

Auch einen Bildbruch sollten Sie vermeiden, wenn zwei nicht zusammengehörende Bilder in einem Gedanken vermengt werden. Ein Beispiel: *Das ist ein zweischneidiges Schwert, bei dem der Schuss nach hinten losgehen kann.* Wüssten Sie in diesem Fall, was nun die Botschaft sein soll?

Wie schaffe ich denn die Überleitung zu einer Geschichte und später wieder zurück zum eigentlichen Vortrag?

Nichts einfacher als das. Leiten Sie eine Geschichte einfach mit folgenden Worten ein: „Dazu eine Geschichte ...“ Oder: „Da fällt mir eine spannende Sache ein, die mir kürzlich passiert ist ...“ Wenn Sie die Geschichte oder Anekdote schließlich zum Besten gegeben haben, kommen Sie mit der Wendung „Warum erzähle ich Ihnen das?“ ganz leicht wieder zu Ihrem eigentlichen Vortrag zurück. Ein simpler Trick, der mehrere Vorteile besitzt: Zum einen laufen Sie niemals Gefahr, dass die Geschichte ohne Bezug zu Ihrem Thema bleibt, und zum anderen setzen Sie noch einmal ein Spannungssignal wie bei der Fabel, die immer mit der neugierig erwarteten „Moral von der Geschicht“ endet.

Wie trage ich Geschichten und Anekdoten am besten vor?

Geschichten und Anekdoten sind oft die Highlights einer Rede oder Präsentation, denn genau diese Effekte bleiben in der Regel in den Köpfen der Zuhörer haften. Daher gilt es hier, besonders feinfühlig vorzugehen und immer zwei Ziele im Auge zu behalten: Erstens den Zuhörer bei den Ohren packen und zweitens die Botschaft nachhaltig verankern. Dies gelingt am besten, wenn Sie sich an folgende Empfehlungen halten:

1. Sprechen Sie langsam und machen Sie Pausen, damit die Zuhörer den aufgezeigten Bildern auch folgen können. Kurbeln wir die Vorstellungskraft unserer Zuhörer an, kostet das diese natürlich auch ein wenig Energie. Wir sollten also nicht zu schnell im Vortrag sein, sonst sind die Empfänger unter Umständen schnell überfordert.
2. Sprechen Sie in einem sehr verbalen Stil. Verben erzielen viel mehr Wirkung als Substantive und sollten deshalb bei Anekdoten und Geschichten überwiegen. Tipp: Noch eindrucksvoller wirken Ihre Geschichten, wenn Sie Verben nur in der Gegenwartsform nutzen und auf Vergangenheits- und Zukunftsformulierungen verzichten.
3. Machen Sie kurze Sätze. Gute Anekdoten zeichnen sich nicht durch umständliche Verschachtelungen aus.
4. Erzählen Sie am besten ganz natürlich, so als würden Sie zu einem guten Freund oder Ihrem Kind sprechen.
5. Wechseln Sie hin und wieder die Lautstärke und die Sprechgeschwindigkeit, das verleiht Ihren Erzählungen mehr Lebendigkeit.

Die Kraft der Bildersprache leuchtet ein, nur dauert eine Anekdote, Geschichte oder Metapher ja meist nur einen kurzen Moment. Wie kann ich den Rest meiner Präsentation bildhaft gestalten?

Die goldene Regel einer bildhaften Präsentation lautet: Spielen Sie auf der kompletten Klaviatur der rhetorischen Figuren und nutzen Sie die unzähligen Möglichkeiten, die sich dadurch bieten, Ihre Präsentation abwechslungsreich und verständlich zu gestalten.

Welche rhetorischen Figuren eignen sich besonders?

Menschen denken in Bildern. Daher ist es nahe liegend, dass Ihnen Ihre Zuhörer desto besser folgen können, je bildhafter Sie sich ausdrücken. Getreu der Redewendung „Ein Bild sagt mehr als tausend Worte“ sollten Sie also in Ihrer Rede bevorzugt solche rhetorischen Figuren einsetzen, mit denen Sie Ihre Gedanken und Erkenntnisse sprachlich wohl geordnet und wohl klingend zum Ausdruck bringen können.

Viele rhetorische Figuren haben Namen aus dem Griechischen oder Lateinischen. Das braucht aber niemanden abzuschrecken. Denn wenn wir sie näher betrachten, erkennen wir schnell, wie geläufig uns viele von ihnen doch sind. Vor allem in der Werbung begegnen wir vielen rhetorischen Figuren.

Im Folgenden möchte ich Ihnen ein paar Stilmittel vorstellen, mit denen Sie Ihre Rede einfach und effizient „aufpeppen“ können:

Alliteration: Die Alliteration, auch Stabreim genannt, gehört zu den ältesten Stil- und Klangfiguren. Zwei oder mehrere bedeutungsschwere Wörter werden durch den gleichen Anlaut ihrer Stammsilbe hervorgehoben. Mit der Alliteration lassen sich einprägsame Fügungen bilden, die leicht zu behalten sind.

Beispiele:
- bei Wind und Wetter
- mit Kind und Kegel
- „Solche Führungskräfte führen durch Fordern.“ (Ron Sommer)

Mit der Alliteration verleihen Sie den betroffenen Wörtern Nachdruck. Zudem hat sie eine einprägende Wirkung. Kein Wunder daher, dass dieses Stilmittel häufig in Werbeslogans zu finden ist *(„Mars macht mobil“, „Neckermann macht's möglich“).*

Anastrophe: Als Anastrophe bezeichnet man einen Satz, der von der Aussage- in die Frageform umgewandelt wurde.

Beispiel: Sie können in einer Diskussion ein Statement in der Aussageform eröffnen: *Es entspricht nicht dem Demokratieprinzip, dass einige auswählen können, was sie für das Produkt zahlen und andere nicht.*
Besser wäre die Frageform: *Entspricht es dem Demokratieprinzip, dass einige auswählen können, was sie für das Produkt zahlen?*

Die Frageform wirkt auf Ihre Zuhörer feinfühliger. Sie preschen nicht mit einer Behauptung vor, sondern tasten sich mit der Frage „Ist es nicht so?“ heran. Damit vermeiden Sie, dass einige Sie für behauptend und besserwisserisch halten könnten, und erzielen eine bessere Wirkung. Ideal ist es, wenn die Frage sofort in den Köpfen der Zuhörer beantwortet werden kann, die Antwort also auf der Hand liegt. Auf diese Weise lässt sich beim Publikum leicht eine große Teilnahme und Energie aufbauen, die Sie direkt für Ihr Redeziel nutzen können.

Anapher: Eine Anapher liegt bei der Wiederholung eines Wortes oder mehrerer Wörter zu Beginn aufeinander folgender Sätze oder Satzteile vor. Sie kommt zustande, indem Sie ausformulieren, was normalerweise abgekürzt und miteinander verklammert wird.

Beispiele: ⇢ „Das Wesen des Staates ist nicht die Regierung, und das Wesen des Staates ist nicht die Opposition. Das Wesen des Staates ist die Regierung und die Opposition.“ (Kurt Schumacher)
⇢ „Mehr von Philips. Mehr vom Leben.“ (Werbeslogan)
⇢ „Vollmundig, vollkommen.“ (Werbeslogan)

Die Anapher ist ein Stilmittel, das Eindringlichkeit hervorrufen soll. Das immer gleiche Wort am Anfang verdeutlicht die Botschaft. Zudem erleichtert es die Erkennbarkeit der Rede und verleiht ihr einen gefälligen Rhythmus.

Die Schwesterfigur der Anapher ist die **Epipher**. Sie besteht in der Wiederholung eines Wortes oder mehrerer Wörter am Ende aufeinander folgender Sätze oder Satzteile.

Beispiel: ⇢ „Lieber Meilensteine als Stolpersteine.“ (Redewendung)

Wie bei der Anapher verdeutlichen Sie auch mit der Epipher Ihre Botschaft. Das immer gleiche Wort am Endes eines Satzes oder Wortes macht das Gesagte einprägsamer.

Antithese: Bei dieser Figur werden logisch entgegengesetzte Dinge oder Sachverhalte stilistisch gegenübergestellt und zu einer einheitlichen Aussage verschmolzen. Ein Gegensatz allein ist jedoch noch keine Antithese. Die beiden kontrastierten Begriffe müssen etwas Gemeinsames haben. Erst wenn Sie zu bestimmten Sachverhalten Gegensätze koppeln, liegt eine Antithese vor. Der sich daraus ergebende Kontrast lässt dann die Eigenart einer Sache scharf hervortreten.

Beispiele: ⇢ Sein – Schein
⇢ Wort – Tat
⇢ Ein Fest für Groß und Klein

Mit einer Antithese sprechen Sie nicht nur zum Verstand Ihrer Zuhörer, sondern auch zu ihren Ohren, denn Sie verleihen Ihrer Aussage auf diese Weise nicht nur Klarheit, sondern auch Rhythmus.

Am kunstvollsten wird die Antithese, wenn sie sich mit einer Wortverschränkung verbindet. Dabei sind beiden Sätzen mehrere Begriffe gemeinsam, jedoch so verschränkt, dass gerade sie den Gegensatz zuspitzen.

Beispiele: ⇢ „Wallenstein fiel nicht, weil er Rebell war, sondern er rebellierte, weil er fiel.“ (Schiller)
⇢ „... der Tag geht ... Johnnie Walker kommt.“ (Werbeslogan)

Chiasmus: Der Chiasmus (Kreuzstellung) ist eine Sonderform der Antithese. Er hat seinen Namen von dem griechischen Buchstaben *chi*, bei dem sich wie bei unserem X zwei Striche kreuzen. Wenn am Ende dieser sich kreuzenden Striche in zwei Hauptsätzen jeweils der gleiche Satzteil steht, nennen wir diese Stilfigur einen Chiasmus. Schlüsselbotschaften, die auf einer solchen Kreuzstellung aufbauen, begünstigen einen durchschlagenden und nachhaltigen Erfolg Ihrer Rede. Besonders angebracht sind Chiasmen dann, wenn eine gedankliche Wende hervorgehoben werden soll.

Beispiele:
- „Sind sie zu stark, bist du zu schwach." (Werbeslogan)
- „Wir wollen nicht den Menschen verstaatlichen, sondern den Staat vermenschlichen." (Theodor Heuss)

Am wirkungsvollsten wird der Chiasmus bei antithetischen Aussagen eingesetzt. Dabei müssen die gegenseitigen Aussagepaare in spiegelverkehrter Anordnung nicht unbedingt aus Sätzen bestehen. Es können durchaus auch Wortpaare sein wie etwa bei *„Die gute alte und die schöne neue Zeit"*.

Klimax: Klimax bedeutet die Steigerung eines Ausdrucks in Einzelschritten. Die Steigerung endet mit dem Höhepunkt, der dann das Wesentliche der Botschaft benennt.

Beispiele:
- „Ich kam, ich sah, ich siegte." (Cäsar)
- „Gut – besser – Paulaner." (Werbeslogan)

Eine Klimax muss nicht dreigliedrig sein. Auch bei der Redewendung *„Erst reichen sie einem den kleinen Finger, dann wollen sie die ganze Hand"* handelt es sich um eine Klimax.

Effekt der Klimax: Bei einer Steigerung bleibt der Sachverhalt gewahrt, nur die Dramaturgie ändert sich. Derselbe Sachverhalt wird aufregender und spannungsreicher dargestellt. Dadurch wird die innere Bewegtheit Ihres Gesprächspartners gesteigert.

Paradoxon: Beim Paradoxon wird ein Widerspruch aufgebaut, indem zwei oder mehr Größen in eine befremdend eigenartige und scheinbar widersinnige Beziehung gebracht werden, um einen mehr oder weniger verborgenen Sachverhalt ins Licht zu rücken.

Beispiele:
- „Ein Diplomat ist ein Mann, der zweimal nachdenkt, bevor er nichts sagt." (Winston Churchill)
- „Keine Antwort ist auch eine Antwort." (Redewendung)
- „Das Leben ist zu wichtig, um darüber ernsthaft zu sprechen." (Oscar Wilde)

Der Zweck der paradoxen Formulierung ist zunächst, einen Gedanken besonders zugespitzt auszudrücken. Das Ergebnis: Mit einem verblüffend wirkenden und unterhaltsamen Widerspruch in Ihrer Botschaft erhöhen Sie die Aufmerksamkeit Ihrer Zuhörer. Ein Paradoxon macht uns neugierig und verblüfft uns. Und was den Zuhörer verblüfft, imponiert ihm und prägt sich ein.

4. Praktische Tipps für nützliche Hilfsmittel

Sätze, die von oben, unten, links und rechts „einfliegen“, unzählige eingebaute Audio- und Video-Dateien oder komplett gefüllte Textfolien – jeder von uns hat sicher schon einmal eine PowerPoint-Präsentation erlebt, die alles andere als unterhaltsam, verständlich und informativ war, sondern vor allem vollgepackt mit allen erdenklichen Effekten. Noch immer erliegen viele Präsentatoren dem Irrglauben, dass technische Spielereien den Erfolg einer Präsentation unbedingt steigern. Dabei gilt in punkto PowerPoint vor allem eines: Weniger ist meist mehr!

Welche Grundregeln gibt es bei der Produktion einer PowerPoint-Präsentation zu beachten?

Meines Erachtens ist es besonders wichtig, dass das Publikum nicht durch unnötige Details und zu viele Eindrücke von den eigentlichen Botschaften abgelenkt wird. Im Grunde genommen sollen sich die Zuhörer gar nicht erst auf die PowerPoint-Präsentation konzentrieren. Warum? Nun, werden erst einmal Ihre Folien kommentiert, heißt das, die Aufmerksamkeit des Publikums gehört nicht mehr zu hundert Prozent Ihnen als Person, sondern dem Foliendesign oder irgendwelchen technischen Spielereien, obwohl das Interesse der Zuhörer sich ausschließlich auf Ihre Ideen und Argumente richten sollte.

Viele Trainer und Berater raten vehement von PowerPoint ab. Soll ich zugunsten meiner Wirkung besser auch darauf verzichten?

Dazu eine kleine Geschichte: Es war kürzlich bei einer Konferenz. Eine Kollegin kam aus einem der Vortragssäle und lief mir fast in die Arme. Schnell kam die Rede auf den Vortrag, den sie sich gerade angehört hatte. Auf meine Frage, wie es war, sagte sie: „Weißt du, wann immer er sich von seiner PowerPoint-Katastrophe lösen konnte, wurde es richtig spannend.“

Ich wusste ganz genau, wovon sie sprach, und Sie vermutlich auch. Vielleicht war ihr der „Kugelhagel“ an Bulletpoints zuviel. Möglicherweise haben die ambitionierten, aber ungelenken Gestaltungsversuche ihr ästhetisches Feingefühl verletzt. Und wahrscheinlich hatte sie einfach keine Lust auf vorgelesene Texte, die sie genauso gut selbst von der Wand hätte ablesen können. Alles Fehler, die unverständlicherweise fast niemand umgeht. Unverständlich deshalb, weil PowerPoint ein echter Verbündeter sein kann, wenn es darum geht, Ihre Rede überzeugender zu gestalten.

Kein Wunder also auch, dass es mittlerweile eine ganz Reihe von Leuten gibt, die PowerPoint für den völligen Verfall der Vortragskultur verantwortlich machen und komplett verteufeln. Eine extreme Reaktion, wenn man bedenkt, dass es sich schlicht und einfach um eine Präsentationssoftware handelt, die Nutzern die Möglichkeit gibt, ihren Reden ein visuelles Moment hinzuzufügen und sie spannender, verständlicher und unterhaltsamer zu gestalten. Ein Werkzeug also, das mehr oder weniger geschickt eingesetzt werden kann – abhängig vom Benutzer. PowerPoint ist ebenso wenig verantwortlich für schlechte Präsentationen, wie das Programm Word für schlechte Texte verantwortlich ist.

Vergessen Sie deshalb nie: Ihre PowerPoint-Folien sind nicht Ihre Präsentation – sie sind lediglich PräsentationsHILFEN. Ihre Präsentation wird nur dann mitreißend sein, wenn Sie sich auch gedanklich mit ihr auseinandersetzen – technisches Geschick beim Umgang mit der Software allein reicht nicht aus. Und nur weil Sie es schaffen, Überschriften wie aus dem Nichts an der Wand auftauchen zu lassen, heißt das nicht, dass Ihre Botschaften auch beim Publikum ankommen.

Wie hauche ich also meiner PowerPoint-Präsentation Leben ein?

Ihr Publikum will *Sie* erleben, *Ihre* Inhalte hören und von *Ihnen* unterhalten und mitgerissen werden. PowerPoint kann Ihnen dabei helfen, aber es kann Sie nicht ersetzen.

Hauptfehler Nummer 1: Viel zu viele PowerPoint-Präsentationen wiederholen mehr oder weniger wörtlich, was der Redner sowieso gerade sagt. Eine echte Zeit- und Folienverschwendung! Darum: Verwechseln Sie Ihre PowerPoint-Präsentation nicht mit Ihren Redezetteln. Die Folienabfolge ist kein Redemanuskript, sondern eine Präsentationshilfe, mit der Sie Ihrer Rede eine visuelle Komponente hinzufügen können, um Ihr Publikum stärker in Ihren Bann zu ziehen.

Hauptfehler Nummer 2: Wer sagt eigentlich, dass auf eine PowerPoint-Folie nur Bulletpoints, Diagramme und Blocksatz gehören? Sie können Ihrer Präsentation richtig Leben einhauchen, wenn Sie wichtige Argumente mit einem passenden Bild untermalen. Auf diese Weise ergänzt das Bild das Gesagte und führt dazu, dass es sich viel leichter in den Köpfen Ihres Publikums festsetzen kann. Für günstiges Bildmaterial gibt es spezielle Online-Anbieter wie z.B. www.fotolia.de oder www.photocase.com, wo tausende Fotos recherchiert und für ca. ein bis zwei Euro pro Bild heruntergeladen werden können. Das Ergebnis: Für weniger als zehn Euro lässt sich fast jede PowerPoint-Präsentation komplett und passend bebildern.

Es gibt sehr viele Befehle und Funktionen bei PowerPoint. Welche sollte ich kennen?

Mein wichtigstes PowerPoint-Tool? Die Taste „B" ist mein klarer Favorit. Warum? Nun, sie sorgt dafür, dass das PowerPoint-Rechteck an der Wand schwarz (Black) wird. So vermeiden Sie, Ihr Publikum mit einer Wort-Bild-Schere zu konfrontieren, bei der Sie schon längst bei einem anderen Thema angekommen sind, während das PowerPoint-Feld hartnäckig beim längst abgeschlossenen Thema verharrt. (Übrigens: Bei einer weißen Wand in einem nicht abgedunkelten Raum drücken Sie einfach die Taste „W" wie „Weiß".)

Generell eröffnet PowerPoint Ihnen ein ganzes Arsenal an Gestaltungsmöglichkeiten, die natürlich sehr verlockend sind. Ich rate Ihnen trotzdem: Lassen Sie sich nicht verführen. Auch wenn Sie die vielen verschiedenen Funktionen und Effekte gerne alle einmal ausprobieren würden, halten Sie sich zurück und beschränken Sie sich bei der Gestaltung Ihrer PowerPoint-Präsentation auf das Wesentliche. Zugegeben, manchmal ist es ganz hilfreich und der Spannung zuträglich, einzelne Punkte nacheinander erscheinen zu lassen. Vergessen Sie aber nie: Ihr Publikum hat sich nicht vor Ihnen versammelt, weil es Ihre versteckten Gestaltungstalente entdecken will.

Mein Tipp, um dem entgegenzuwirken: Sie sollten immer mal wieder – wenn auch nur scheinbar – innerhalb der Präsentation improvisieren. Drücken Sie die „B"-Taste, stellen Sie sich in die Mitte der Präsentationsfläche, falls die Projektion Sie bis dahin daran gehindert hat, und tragen Sie einen Teil Ihrer Präsentation frei vor. Sie werden sehen, der Effekt ist um ein Vielfaches größer als alle technischen Spielereien.

Ich konzentriere mich also auf das Wesentliche und verschone mein Publikum mit einer endlosen Ansammlung beeindruckender Animationen. Gibt es Empfehlungen, in welchem Maße und mit welchen Gestaltungsmitteln ich meinen Vortrag mit PowerPoint begleiten kann?

Auch wenn Bulletpoints hin und wieder ihre Berechtigung haben, rate ich zum sparsamen Einsatz. Sollten Sie sich doch dafür entscheiden, machen Sie sich dann auf alle Fälle die Mühe, starke Aussagen knackig auf den Punkt zu bringen. Einfach einen Punkt vor einen umständlichen Satz zu setzen, gilt nicht – das hilft weder Ihnen noch Ihrer Argumentation.

Mein Tipp: Orientieren Sie sich an PowerPoint-Präsentationen, von denen Sie selbst gefesselt waren, aber kopieren Sie nicht einfach nur. Halten Sie sich stets die drei Ziele vor Augen, die eine gelungene PowerPoint-Präsentation mindestens erreichen sollte:
1. Sie muss zu Ihrem Thema passen,
2. sie muss zu Ihrem Publikum passen und
3. sie muss zu Ihnen passen.

Noch ein kleiner Hinweis zum Schluss: Auch wenn Redner meist vor ihrer Präsentation stehen, die hinter ihnen an Wand oder Whiteboard geworfen wird, versuchen doch viele, sich dahinter zu verstecken. Passen Sie deshalb auf, dass die Folien nicht von Ihnen ablenken. Schließlich will Ihr Publikum von einem Menschen überzeugt werden, nicht von einem Viereck an der Wand.

Wie sollte ich den Übergang von einer Folie zur nächsten am besten gestalten?

Goldene Regel: Leiten Sie sprachlich auf die nächste Folie über, bevor Sie dies mit Ihrer Fernbedienung tun! Die meisten Redner machen es genau andersherum: Sie zeigen die neue Folie und fangen dann erst an, etwas darüber zu sagen – wahrscheinlich weil auch sie die Folie als Stichwortzettel missbrauchen. Diese Fehlkoordination hat gleich zwei negative Auswirkungen: Zum einen sind die Zuhörer für die ersten Sekunden etwas orientierungslos und möglicherweise mit der neuen Folie überfordert, zum anderen könnten die Zuhörer das Gefühl bekommen, dass Sie als Redner nicht genau wissen, was Sie sagen sollen und sich selbst erst einmal orientieren müssen. Drehen Sie sich mit dem Folienwechsel auch noch zur Leinwand herum, verstärken Sie diesen Eindruck noch.

Wie es sein sollte? Gesprochenes Wort und Schaubilder sollten im Idealfall zusammenwirken. Halten Sie daher unbedingt den Blickkontakt zu Ihrem Publikum, wenn Sie am Ende eines Schaubildes angelangt sind, und auch während der Überleitung. Bei einem Wechsel selbst – das gilt übrigens für alle „Kulissenschiebereien" während Ihrer Präsentation – schweigen Sie.

Warum sollte man bei „Kulissenschiebereien" und Folienwechseln schweigen?

Wenn Sie zu Ihrem Publikum sprechen, während Sie sich um ein Flipchart oder den Folienwechsel kümmern, erreichen Sie damit nur eines: Unruhe. Um ein Chart zu bewegen oder einen Folienwechsel zu koordinieren, müssen Sie den Blickkontakt mit Ihren Zuhörern unterbrechen – wenn auch nur kurz. Die Folge: Ohne Kontakt zum Publikum zu reden erzielt deutlich weniger Wirkung. Halten Sie daher den (Blick)Kontakt zu Ihren Zuhörern bis zum Ende Ihres Satzes und schweigen Sie während des Wechsels. So können Sie sich auf jede Aufgabe voll konzentrieren, wirken sehr präsent und dadurch vielleicht sogar charismatisch. Und vergessen Sie nicht: Haben Sie keine Angst vor der Stille. In Kapitel VI erfahren Sie, dass Stille sogar stimulierend auf Ihre Zuhörer wirken kann.

Welche Fehler kann ich bei der Erstellung von PowerPoint-Folien machen?

Für die Erstellung Ihrer Folien gibt es einige Dinge, an die Sie unbedingt denken sollten. Verbannen Sie jedoch perfektionistische Ansprüche, denn Perfektion schafft Aggression und kleine Fehler sind durchaus menschlich. Worauf Sie achten sollten, sind die „großen Fehler", die man in punkto PowerPoint machen kann:

Vermeiden Sie einen zu kleinen Text! Es gibt nichts Schlimmeres, als wenn die Zuhörer in den letzten Reihen den Text auf Ihren Folien nicht lesen können. Es darf also gerne Schriftgröße 24 und größer sein. Kleiner Tipp, um auf Nummer sicher zu gehen: Setzen Sie sich vorher einfach mal selbst in die letzte Reihe und prüfen Sie die Lesbarkeit!

Bringen Sie niemals mehr als fünf Aufzählungszeichen! Irgendwann ist jede Folie einfach überfrachtet und erschlägt den Zuhörer schon, bevor überhaupt das erste Wort dazu gesagt wurde. Verwenden Sie außerdem maximal zwei Aufzählungsebenen, idealerweise sogar nur eine. Auf den Punkt gebracht: Gestalten Sie Ihre Folien nicht verwirrender, als es sein muss, sondern so einfach wie möglich. Und wenn Sie doch einmal unbedingt Unter-unter-Punkte bringen wollen, gestalten Sie besser eine zusätzliche Folie.

Einer der häufigsten Fehler, der andererseits so leicht zu umgehen wäre, ist die unterschiedliche sprachliche Ausgestaltung einzelner Aufzählungspunkte. Sind diese stilistisch höchst unterschiedlich, wirkt das automatisch unprofessionell, wie in folgendem Beispiel:

- Wirkung wird vergrößert
- Erhöhung der Vertriebsstärke
- Es wird der Bekanntheitsgrad im Inland und im Ausland gesteigert.
- Absatzsteigerung

Jeder Punkt unterscheidet sich hier stilistisch von den anderen. Professioneller und kompetenter würde es wirken, wenn Stil und Grammatik konsistent erschienen:

- Vergrößerte Wirkung
- Erhöhte Vertriebsstärke
- Gesteigerter Bekanntheitsgrad
- Erhöhter Absatz

Ein letzter Hinweis: Denken Sie bei der sprachlichen Ausgestaltung Ihrer Präsentation auch daran, dass eine Folie immer den Präsentator braucht – sie darf sich nicht selbst erklären. Erst durch Ihre erklärenden Worte soll der Folieninhalt einen Sinn ergeben.

Wie erreiche ich mehr Wirkung bei meiner Foliengestaltung?

Zu dieser Frage gibt es eine spannende Untersuchung von Richard E. Mayer. Er hat sich mit den Möglichkeiten von Multimedia zur sinnvollen Lernförderung beschäftigt, wobei einige Aspekte der Gedächtnisforschung auf Präsentationen mit PowerPoint angewendet wurden. Daraus ergeben sich interessante Impulse:

Präsentationen sollten aus Wörtern und Bildern bestehen, denn diese Kombination erleichtert den Lernprozess. Fügen Sie also einfach immer passende Bilder und Grafiken in Ihre Präsentation ein. Bedenken Sie dabei folgende Formel: Ein Bild ohne Text ist viel besser als ein Text ohne Bild. Was die Auswahl der Bilder betrifft, denken Sie an die Dinge, die Sie in Kapitel III gelernt haben.

Vermeiden Sie auch unbedingt die Redundanz von Gesprochenem und Geschriebenem. Ich habe einmal eine Präsentation mit der Überschrift „Marketing-Mix“ erlebt.

Ein Vertreter aus der Marketing-Abteilung leitete die Präsentation mit folgenden Worten ein: „Ich möchte Ihnen heute unsere Ideen zum Marketing-Mix vorstellen.“ Daraufhin switchte er zur nächsten Folie, auf der von rechts der Text „Anzeigen in über 30 verschiedenen Printmedien“ einschwebte. Sein Kommentar dazu: „Ein wichtiger Bestandteil unseres Marketings sind Anzeigen in Printmedien. Wir schalten über das Jahr verteilt in über 30 verschiedenen Printmedien Anzeigen.“ Beim nächsten Klick erschienen auf der linken Seite die Zeitungsköpfe von FAZ und SZ. Seine Worte kurz danach: „Unter den Printmedien befinden sich renommierte Zeitungen wie die FAZ und die SZ.“ Das ist kein Scherz: Die Präsentation lief die ganze Zeit auf diese Weise weiter. Ein sicherer Weg, seine Zuhörer zu narkotisieren.

Wie Sie das umgehen können? Ganz einfach: Setzen Sie Ihren Sprechtext überwiegend in den Notizenbereich, schreiben Sie sich Stichwortkarten oder fertigen Sie sich ein ausgedrucktes Manuskript an. Viele Präsentatoren denken, dass es schlau ist, den roten Faden in die Präsentation einzubauen – das Gegenteil ist jedoch der Fall.

Eine weitere Erkenntnis von Mayers Segmentierungsprinzip: Es ist ratsam, Informationen zu portionieren und diese Portionen zudem sehr klar zu kommunizieren. Für diese Kommunikation selbst empfiehlt Mayer den Konversationsstil – ein Sprachstil also, der leicht verständlich ist und so daherkommt, als würden Sie in ungezwungener Runde etwas erklären. Warum dies oft nicht funktioniert: Wenn wir uns auf eine Präsentation vorbereiten, erfolgt diese Vorbereitung meist schriftlich. Was dabei herauskommt klingt deshalb nicht selten nach unpersönlichem Geschwafel. Stellen Sie sich stattdessen einfach vor, jemand würde vor Ihnen sitzen, dem Sie Ihre Thesen mündlich zu erklären versuchen.

Interessant ist im Rahmen von Mayers Studie auch das sogenannte Kohärenzprinzip. Es stellte sich heraus, dass Menschen besser lernen, wenn unwesentliche Informationen aus einer Multimediapräsentation entfernt werden. Das heißt: Entfernen Sie alles, was nicht existenziell ist, wie Datum, Logo, Fußzeilen, Copyrights usw.

Wie kann ich das lästige Vorblättern vermeiden, wenn ich einmal in Zeitnot komme oder wenn ich bestimmte Passagen ausklammern möchte?

Die Antwort hierauf lautet: Hyperlinks. Normalerweise gelangen Sie durch Betätigung Ihrer Fernsteuerung zur nächsten Folie. Wenn Sie so vorgehen, bleibt Ihnen das lästige und schnelle Vorblättern nicht erspart. Flexibler sind Sie, wenn Sie mit interaktiven Links arbeiten. So können Sie eine andere als die folgende Folie aufrufen oder sogar in eine andere Präsentation springen. Sollte also die Zeit einmal knapp werden, bereiten Sie einen Link vor, der zu den Folien des Schlussteils führt. So können Sie elegant zum Ende kommen, ohne dass jeder gleich merkt, dass Sie in Zeitnot geraten sind oder wenn Ihr Publikum bei bestimmten Passagen mangelndes Interesse signalisiert.

Neben PowerPoint gibt es ja auch noch andere Präsentationsmedien. Welche sollte ich kennen und einsetzen?

Für Präsentationen sind meines Erachtens nur noch Flipcharts relevant, denn andere Alternativen sind längst überholt. Stellwände sind sperrig, gehören in die Moderation und sind nicht zum Präsentieren geeignet. Und auch Overhead-Projektoren gehören endgültig der Vergangenheit an und erinnern eher an alte Schulzeiten als an gelungene Präsentationen.

Wieso ist das Flipchart noch geeignet? Was zeichnet es aus?

Was der unschlagbare Vorteil des Flipcharts ist: die Tatsache, dass auch schwierige Zusammenhänge „live“ und zusammen mit dem Publikum entwickelt werden können. Das bedeutet: Der Zuhörer ist mitten im Geschehen und hat vielleicht sogar Einfluss auf die Arbeit am Chart. Nicht selten beeindruckt so etwas mehr als jede Hochglanzfolie. Mit Blick auf die Dynamik ist dieses Präsentationsmedium also unschlagbar, denn jederzeit kann etwas ergänzt oder verändert werden.

Welche wichtigen Regeln sollten also bei der Arbeit mit dem Flipchart immer bedacht werden?

Ebenso wie bei der Arbeit mit PowerPoint sollten auch beim Umgang mit dem Flipchart einige wichtige Regeln eingehalten werden. Um die optimalen Flipchart-Methoden besser nachvollziehen zu können, hier erst noch einmal die Vor- und Nachteile dieses alternativen Präsentationsmediums im Überblick:

Vorteile:
- einfache Handhabung, kaum Pannen möglich
- spontaner Einsatz möglich
- großer Blickfang
- Ausführungen sind durch Vor- und Zurückblättern leicht zu aktualisieren
- gut geeignet für Kernaussagen, Zahlen, Schlagwörter
- spontane Beiträge sind gut festzuhalten
- bleibt sichtbar, lässt sich aufhängen
- wirkt souverän
- Person des Redners steht stärker im Mittelpunkt
- Notizen mit Bleistift bleiben unsichtbar (Spickzettel auf dem Chart)
- Arbeit an einem echten Bild statt an einem projizierten

Nachteile:
- die eigene Handschrift ist nicht immer optimal
- nicht für Präsentationen vor sehr großen Gruppen geeignet
- nicht (oder jedenfalls nur sehr schlecht) archivierbar

Aus den Vor- und Nachteilen des Präsentationsmittels Flipchart ergeben sich logischerweise entsprechende Chancen, aber natürlich auch Gefahren. Darum hier einige Tipps und Methoden zum Umgang mit dem Flipchart:

- Achten Sie unbedingt auf eine leserliche Handschrift.
- Verwenden Sie kurze Sätze.
- Benutzen Sie einen breiten Schreiber mit abgeschrägter Spitze. Fixieren Sie den Stift.
- Planen Sie sorgfältig die Bildaufteilung.
- Erst zeichnen, dann erklären.
- Benutzen Sie eine einfache Druckschrift.
- Setzen Sie das Flipchart für max. 25 Teilnehmer ein.
- Arbeiten Sie kontrastreich mit Farbe, aber nicht bunt.
- Gestalten Sie die Materialien einheitlich.
- Bringen Sie nicht zu viel auf einem einzigen Blatt unter, benutzen Sie lieber ein neues Blatt.
- Verwenden Sie Symbole und Abkürzungen sparsam.
- Stehen Sie links vom Medium, zeigen Sie mit der dem Medium zugewandten Hand.
- Bleistiftnotizen sind oft hilfreich.

5. Der kleine Notfallkoffer: Was tun bei Einwänden, Störern, Nervosität, Blackout und anderen Katastrophen?

Sie fühlen, wie die Schweißtropfen auf Ihrer Stirn immer zahlreicher werden, einer Ihrer Zuhörer lacht nach jedem zweiten Satz von Ihnen höhnisch auf oder nach der dritten PowerPoint-Folie macht Ihre Fernbedienung schlapp? Präsentationspannen, vor denen sich wohl jeder fürchtet, die aber auch fast jeder schon einmal selbst durchlebt hat. Das Verblüffende daran: Wer schon einmal eine solche Panne „überlebt" hat, stellt danach meist fest, dass alles halb so schlimm war wie angenommen. Nicht verkrampfen, ein Lächeln aufsetzen und sympathisch bleiben, wirkt meist schon Wunder. Darüber hinaus gibt es eine Reihe kleiner Tipps und Tricks, Pannen entweder ganz zu vermeiden oder souverän zu meistern.

Wie kann ich sicherstellen, dass bei meiner Präsentation nichts schief geht?

Die schlechte Nachricht: Glaubt man an Murphys Gesetz, wird all das schief gehen, was überhaupt nur schief gehen kann. Das bedeutet: Selbst bei der bestmöglich vorbereiteten Rede kann einiges daneben gehen.

Die gute Nachricht: Selten sind die Dinge, die bei einer Präsentation schief gehen können, wirklich dramatisch. Sie können sich also getrost entspannen und Ihre Energie, die Sie eben noch dafür verschwenden wollten, sich Sorgen zu machen, in das Feintuning Ihrer Präsentation stecken. Gute Nachricht Nummer zwei: Wenn Sie außerdem die folgenden Beispiele verinnerlichen, sind Sie sowieso für die häufigsten Missgeschicke gewappnet.

Das Wichtigste: Bleiben Sie ruhig, wenn ein Problem auftaucht und versuchen Sie, das Problem zu lösen. Der Effekt: Selbst wenn es Ihnen nicht oder nicht auf Anhieb gelingen sollte, wird Sie Ihr Publikum für Ihre Initiative schätzen. Und denken Sie daran: Der erste Schritt in Richtung Problemlösung ist oft die ans Publikum gerichtete Frage, ob jemand eine Idee hat. Sie gewinnen dadurch echte Sympathiepunkte und werden überrascht sein, wie gern Ihnen Ihre Zuhörer zur Seite stehen – und wie gern sie Ihnen danach weiter zuhören.

Selbst wenn ich Tipps und Tricks zur Bekämpfung von Nervosität umsetze, kann es trotzdem mal einen Blackout geben. Was kann ich in so einem Fall tun?

Der Bundeskanzlerin ist es schon passiert, Günther Jauch ist es schon passiert und mir ist es auch schon passiert – ein klassischer Blackout. Und ich kann Ihnen versichern: Es gibt wohl keinen Redner, der nicht schon einmal den Faden verloren hat. Trotzdem sollte Ihnen die Aussicht auf einen eventuellen Blackout nicht den Schlaf rauben, denn es gibt einfache Möglichkeiten, solch einen unliebsamen „Ausfall" wirkungsvoll zu überspielen:

1. Legen Sie eine Sprechpause ein!
Ist der Blackout da, atmen Sie kurz durch und machen Sie eine Sprechpause. Wenn Sie dabei ein Lächeln aufsetzen und die Pause nutzen, um Ihren Blick über Ihr Publikum schweifen zu lassen, werden Ihre Zuhörer die Pause als souverän eingesetztes Stilmittel deuten. Übrigens: Auch wenn Ihnen eine Pause von bis zu vier Sekunden auf der Bühne wie eine Ewigkeit vorkommen wird – Ihre Zuhörer empfinden diesen kurzen Break als Denkpause und nicht als eine „ich-bin-aus-dem-Konzept-Pause".

2. Wiederholen Sie den letzten Punkt oder fassen Sie das bisher Gesagte zusammen!
Ihre Zuhörer halten dies für eine bewusst platzierte Wiederholung, die dafür sorgen soll, dass jeder dem Vortrag folgen kann und das bereits Gesagte besser verinnerlicht. So ist allen geholfen: Sie haben die Chance, diejenigen Punkte zu wiederholen, die Ihnen besonders am Herzen liegen, können ganz nebenbei Ihren Blackout überwinden und das Publikum bekommt einen kurzen Gedächtnisauffrischer.

3. Sagen Sie es anders!
Sie haben den Faden verloren? Kein Problem: Machen Sie einfach eine Pause und leiten Sie dann mit folgenden Worten über: „Lassen Sie es mich anders sagen ..." Und dann setzen Sie Ihre Rede mit einer neuen Formulierung des zuletzt Gesagten fort. Am besten wechseln Sie dabei auch Ihre Sitzhaltung oder Ihren Stand, das gibt Ihnen zusätzliche Flexibilität. Denn: Wer „auf dem Schlauch steht", sollte einfach ein Stück zur Seite treten.

4. Gehen Sie einfach zum nächsten Thema über!
Es gibt zwei mögliche Szenarien, wenn Sie einfach direkt zum nächsten Punkt springen wollen: Entweder merkt niemand, dass Ihr letzter Punkt noch nicht ganz abgeschlossen war oder man erinnert Sie mit einem kurzen Zwischenruf daran, was Sie noch sagen wollten – schon haben Sie den Faden wieder.

5. Bitten Sie Ihr Publikum um Rückmeldung!
Mit der einfachen und kurzen Frage: „Haben Sie bis hierher Fragen oder Anmerkungen?", gewinnen Sie auf der einen Seite Zeit und können noch dazu Ihrem Publikum „beweisen", dass Sie die Meinung Ihrer Zuhörer schätzen und auf deren Fragen eingehen möchten. Was kann ein Publikum mehr von einem Redner erwarten?

6. Bleiben Sie souverän!

Wichtigste Regel: Geben Sie einen Blackout nie zu und hoffen dabei auf Verständnis à la: „Oh, jetzt habe ich den roten Faden verloren ..." Das wäre zwar kein Beinbruch, aber dann weiß wirklich jeder Ihrer Zuhörer, dass Sie einen Aussetzer haben. Denken Sie daran: Eine Pause von bis zu vier Sekunden macht niemanden misstrauisch, also bleiben Sie souverän.

Glücklicherweise kommt es selten vor, aber manchmal leider doch: Wie bekomme ich Störer und Zwischenrufer in den Griff?

Glücklicherweise kommt es wirklich nicht oft vor, doch manchmal begegnen uns in unseren Vorträgen und Präsentationen auch unfaire Einwände. Diese Gegenstimmen lassen nicht selten einen sachlichen Ton vermissen und dienen lediglich dazu, Sie unter Druck zu setzen oder Ihre Kompetenz zu untergraben. Hier empfehle ich Ihnen eine Entgegnungs-Trias: Wie beim richtigen Medieneinsatz (Kapitel 4) ändern wir hier die „Touch-Turn-Talk-Regel" für die Einwandbehandlung etwas ab:

Touch: Nehmen Sie Kontakt zum Einwandgeber auf. Zum Beispiel: „Lassen Sie uns doch besser sachlich und beim Thema bleiben."

Turn: Nehmen Sie das Zepter wieder in die Hand: „Unser Thema ist der richtige Medieneinsatz in Präsentationen."

Talk: Machen Sie souverän weiter: „Wir haben bereits einige Medien kennen gelernt und wollen uns nun die Frage stellen, in welcher Situation ich welches Medium einsetze."

Den Turn können Sie übrigens auch non-verbal vollziehen – das heißt, nach dem Kontakt zum Einwandgeber entziehen Sie ihm auch den non-verbalen Kontakt und blicken jemand anderen an, dem Sie sich dann zuwenden.

Zum Glück sind Einwände meist ernst gemeinte Hinweise und nicht bloß ein reiner Angriff. Dennoch können sie einen aus dem Konzept bringen. Wie bekomme ich typische „Ja, aber"-Sager freundlich in den Griff?

Bei Einwänden trennt sich meines Erachtens die Spreu vom Weizen. Gut argumentieren können viele, doch souverän auf Einwände reagieren können nur sehr wenige Redner. Dabei lassen sich immer wieder drei typische Reaktionen auf „Ja, aber"-Sager und Einwände beobachten: 1. Der Redner reagiert unsicher; 2. Der Redner reagiert zornig; oder 3. Der Redner reagiert arrogant. Der Haken bei allen drei Varianten: Kein Zuhörer lässt sich gerne von unsicheren, zornigen oder arroganten Rednern überzeugen.

Die oberste Einwandbehandlungs-Regel ist daher, diese typischen Reaktionen zu vermeiden und zukünftig wertschätzender und damit souveräner zu reagieren. Warum? Nun, nur wenn die Kommunikation und der Umgang mit Gesprächspartnern und auch mit Zuhörern wertschätzend und empathisch ist, kann Ihr Erfolg als Präsentator nachhaltig sein. Mit anderen Worten: Achten Sie immer darauf, dass Sie als Gesprächsführer den anderen Teilnehmern das Gefühl geben, ernst genommen zu werden und die Ergebnisse der Präsentation konstruktiv mitzugestalten. Dieses Gefühl zu vermitteln ist eine hohe Kunst und auch dann eine Notwendigkeit, wenn die getroffenen Aussagen vorerst gar nicht in Ihrem Sinne sind.

Wie drücke ich diese Wertschätzung aus?

Auch wenn es Ihnen im ersten Moment vielleicht schwer fällt, einen Einwand – vor allem wenn er Ihnen ungerechtfertigt erscheinen sollte – nicht gleich mit einem „Nein ...-Satz" abzuschmettern, versuchen Sie es trotzdem mit der „Gerade weil ..."-Methode und Sie werden sehen, dass Sie damit sehr viel weiter kommen. Wie das funktioniert? Greifen Sie einen Einwand so auf, dass Sie mit den Worten „Gerade weil ..." beginnen und dann einen sachorientierten Gedanken ins Gespräch bringen. Ein Beispiel: Sie stellen in Ihrem Unternehmen eine neue Software-Lösung vor, die zukünftig von allen Mitarbeitern benutzt werden soll. Plötzlich kommt der Einwand: „Ja, aber das ist doch alles sehr aufwändig." Statt mit einem „Nein" oder Sätzen wie „Da müssen wir durch", begegnen Sie diesem Gesprächspartner besser mit den Worten: „Gerade weil dieser Prozess sehr aufwändig ist, ist eine gute Planung und ein verantwortungsvoller Umgang mit unserem Personal sehr wichtig. Deshalb sitzen wir heute hier zusammen."

Die Folge: Mit dieser Methode senden Sie gleich mehrere wichtige Signale in Richtung Ihres Gesprächspartners. Sie demonstrieren ihm: „Ich höre Ihnen zu, verstehe was Sie sagen und nehme es sehr ernst." Sie holen ihn dort ab, wo er mit seinen Bedenken oder Sorgen steht und begleiten ihn ein Stück des Weges. Seine Reaktion: Sehr wahrscheinlich ist er nach dieser Erfahrung viel eher bereit, auch ein Stück mit Ihnen zu gehen, wenn Sie selbst die Richtung vorgeben, indem Sie die Notwendigkeit der Sitzung herausstellen.

Eine weitere Möglichkeit, die nach einem ähnlichen Prinzip funktioniert, ist die bedingte Zustimmung: Auch hier drücken wir eine wertschätzende Haltung aus, indem wir unserem Gesprächspartner zunächst zustimmen. Sagen Sie in so einem Fall zum Beispiel: „Da haben Sie sicher Recht", „Das sehe ich genauso", „Das ist ein guter Hinweis" oder Ähnliches. Im nächsten Schritt relativieren Sie Ihre Zustimmung und fügen ergänzend etwas hinzu. Dies kann dann etwa so aussehen: „Damit haben Sie sicher Recht, bloß müssen wir auch die folgenden Aspekte beachten ..." oder: „Das sehe ich genauso, nur können wir noch mehr erreichen, wenn wir ..."

Wichtig ist hierbei, dass unser Gegenüber Anerkennung spürt, indem wir ihm erst einmal bedingt zustimmen und seinen Beitrag nicht einfach abschmettern. So fühlt er sich ernst genommen und ist viel eher bereit, unsere Ergänzung zu akzeptieren. Aber Achtung: Vermeiden Sie möglichst, Ihre Relativierung mit dem Wort „aber" einzuleiten. Sonst landen Sie ganz schnell selbst in der „Ja-aber"-Sager-Ecke, was automatisch eine negative Wirkung hat. Besser: stattdessen die Wörter „bloß" oder „nur" verwenden.

Es heißt oft, die Frage sei die Königin der Dialektik. Wie kann ich eine Frage einsetzen, wenn es mal schwierig wird?

Leider haben wir es nicht immer nur mit Gesprächspartnern zu tun. Allzu oft müssen wir uns in Gesprächen und Diskussionen auch mit „Gesprächsgegnern" auseinandersetzen. Unter „Gesprächsgegnern" verstehe ich Teilnehmer oder Diskutanten, denen es mit ihren Einwänden nicht um die Klärung von sachlichen Fragen geht, sondern darum, den anderen aus der Ruhe oder dem Konzept zu bringen. Das scheinbare Gegenargument zielt dann meist auf einer rein emotionalen Ebene lediglich darauf ab, das Gegenüber infrage zu stellen.

Hier ist es unbedingt notwendig, den Gesprächspartner wieder auf den Weg der Sachlichkeit zurückzubringen. Dies gelingt ganz einfach mit den folgenden beiden Fragen: „Worauf beziehen Sie sich?" und: „An was denken Sie konkret?" Wenn Ihnen also Einwände wie: „Das kann doch alles gar nicht wahr sein", „Das ist ja ungeheuerlich" oder ähnlich unkonkrete, aber dafür unsachliche Bemerkungen begegnen, fragen Sie ruhig und sachlich: „Worauf beziehen Sie sich?" Was meinen Sie, was dann geschieht? Nun, es gibt zwei Möglichkeiten: Entweder hat der Einwand Ihres Gegenübers tatsächlich einen sachlichen Hintergrund, den er jetzt kommunizieren wird. Sie können dann den Faden aufgreifen und sich auf der Sach-Ebene mit dem Einwand auseinandersetzen. Da Sie als Führungspersönlichkeit die inhaltliche Auseinandersetzung zu keiner Zeit fürchten müssen, werden Sie damit spielend fertig. Sollte aber Ihr Gegenüber gar keinen sachbezogenen Hintergrund anführen können und seinen Einwand nur gebracht haben, um Sie zu provozieren, wird das nun für alle Beteiligten erkennbar und auch dann behalten Sie souverän die Oberhand.

Eine weitere hilfreiche Methode, um das Gespräch auf die Sache zu fokussieren, um die es eigentlich geht, ist die Frage: „Was verstehen Sie unter ...?" Wenn man Ihnen beispielsweise fehlende Verantwortung oder Ähnliches vorwirft, dann fragen Sie Ihr Gegenüber einfach, was er denn selbst konkret unter Verantwortung versteht. So bringen Sie ihn dazu sachlich zu werden, und ganz nebenbei gewinnen Sie auch noch Zeit, um sich auf Ihren Gesprächspartner einzustellen.

Statt mit Störungen von außen habe ich vielmehr mit meiner eigenen Nervosität zu kämpfen. Was empfehlen Sie im Umgang mit Redeangst und Lampenfieber?

Zunächst einmal möchte ich Sie bitten, in Zukunft nicht so schlecht über Nervosität zu denken. Der Grund: Nervosität kann auch sehr hilfreich sein und ist für sich gesehen recht harmlos. Es besteht also gar kein Grund, nervös zu werden. Hierzu eine kleine Anekdote von Dick Cavett: Der bekannte US-Talkmaster Dick Cavett erklärte einmal, dass er selbst vor jeder Fernsehsendung immer sehr nervös sei und gab jedoch den Rat, Lampenfieber nicht so tragisch zu nehmen, da immer viel weniger davon nach außen dringt, als man denkt. „Sie sollten einfach wissen: Von dem, was Sie fühlen, sieht der Zuschauer nur ein Achtel. Wenn Sie innerlich sehr nervös sind, sehen Sie nach außen ein bisschen nervös aus. Und wenn Sie innerlich total außer Kontrolle geraten sind, wirken Sie vielleicht ein wenig bekümmert. Nach außen dringt alles weit weniger krass, als Sie es selbst empfinden. Jeder, der in einer Talkshow erscheint, sollte sich selbst daran erinnern: Das, was er tut, sieht besser aus, als er es empfindet ... Ihre Nerven mögen Ihnen tausend Elektroschocks verpassen, der Zuschauer sieht bloß ein paar Zuckungen."

Trotz dieser beruhigenden Tatsache fürchten sich die meisten Menschen vor dem Lampenfieber, das sie im Vorfeld oder zu Beginn eines Redeauftritts erfasst. Erste Anzeichen von Nervosität wie z.B. feuchte Hände und eine flache Atmung führen nicht selten zu Unsicherheit und Redeangst. Dabei kann Nervosität auch durchaus hilfreich sein, sorgt sie doch dafür, dass Hormone ausgeschüttet werden, die uns Energie liefern und unsere Aufmerksamkeit schärfen. Oder waren Sie schon einmal nervös und gleichzeitig müde und unaufmerksam? Mit Sicherheit nicht. Vielleicht sollten wir also unsere Einstellung zur Nervosität einmal überdenken und sie – anstatt Angst vor ihr zu haben – als ein natürliches „Aufputschmittel" akzeptieren und dadurch besser mit ihr umgehen lernen. Dann wird Nervosität nicht automatisch gleich zur Redeangst.

Das ist leicht gesagt. Aber wenn die Nervosität erst einmal da ist, hindert sie mich an meiner Performance. Kann ich etwas tun, damit sie gar nicht erst aufkommt?

Neutralisieren Sie im Vorfeld so gut es geht alle Stressfaktoren. Wir neigen dazu, uns schnell gestresst zu fühlen, wenn wir uns mit etwas konfrontiert sehen, das uns nicht bekannt ist und das wir nicht genau einschätzen können. Neutralisieren Sie diesen Stressfaktor, indem Sie sich Unbekanntes bekannt machen: Kenne ich den Vortragsraum? Funktioniert die Technik? Finde ich einen Parkplatz? Wie viele Menschen werden mir zuhören? ... Diese und andere Fragen, die Sie schon in der Vorbereitung klären können, sollten zu Beginn Ihrer Rede und auch kurz davor keine Rolle mehr spielen. Eine gute und langfristige Vorbereitung gibt uns also ein Stück weit Sicherheit, die wir brauchen, um Nervosität vorzubeugen.

Manche Redner und Rednerinnen machen sich darüber hinaus oft viele Gedanken, ob die Krawatte richtig sitzt, die Bluse vielleicht einen Fleck hat, die Haare richtig fallen und ob das Make-up seinen Zweck erfüllt. Solche Gedanken sind störend, lenken ab und sind eigentlich leicht zu beseitigen, indem Sie vor Ihrem Vortrag einfach einen Blick in den Spiegel werfen. Die Gewissheit über das eigene korrekte Äußere gibt dann das notwendige Selbstvertrauen.

Was kann ich tun, wenn sich während meines Vortrags Nervosität einstellt?

Hier kann ein gutes Vortrags-Skript wahre Wunder bewirken. Nehmen Sie sich ausreichend Zeit für einen guten Stichwortzettel zu Ihrer Rede. Bereiten Sie diesen so vor, dass Sie den roten Faden immer leicht wieder aufnehmen und sich schnell und zuverlässig in Ihren Notizen zurechtfinden können. Wer zu viel Text und zu wenig Struktur auf dem Manuskript unterbringt, wird es sich unnötig schwer machen. Gerade wenn Sie wegen einer Zwischenfrage oder einem spontan ausgeführten Beispiel Ihren eigentlichen Vortragsablauf kurzzeitig verlassen, helfen Ihnen gut durchdachte und übersichtlich angeordnete Stichpunkte dabei, schnell und ohne Mühe wieder in die vorbereitete Struktur zurückzukehren. Ich empfehle Ihnen ein Skript mit zwei Spalten. In die erste Spalte schreiben Sie Ihren Volltext und in die zweite Spalte fügen Sie passend zum Volltext Ihre Stichworte ein. So können Sie sich bei Ihrer Rede an den Stichworten entlang hangeln und klingen dadurch frei. Und sollten Sie einmal nicht weiterwissen, was in den seltensten Fällen wirklich passiert, haben Sie dank der Volltext-Spalte sozusagen „Netz und doppelten Boden". Wenn Sie diese Rückversicherung einmal wirklich brauchen, können Sie mit einem Blick feststellen, wie es weitergeht. Ansonsten wird Ihnen schon allein das Wissen darum, dass dieser „Spickzettel" da ist, ein gewisses Maß an Sicherheit geben.

Wie kann ich mein Selbstbewusstsein während des Vortrages stärken?

Das beste Mittel hierfür ist, sich ein non-verbales Schulterklopfen aus dem Publikum zu holen. Oft konzentrieren wir uns bei Vorträgen vor größerem Publikum ausgerechnet auf die Zuhörer, die verunsichernde Signale senden, indem sie beispielsweise eine SMS schreiben, eine Zeitschrift lesen oder Ähnliches. Suchen Sie sich lieber diejenigen Zuhörer aus, die Ihnen positiv gestimmt sind und aufmerksam zuhören. Ein Kopfnicken, eine positive Körperhaltung oder ein Lächeln – alles also, was Ihnen zeigt, dass man Ihnen zustimmt und Ihrem Vortrag folgt, stärkt Ihre Selbstsicherheit und baut damit Lampenfieber ab.

Manchmal hört man schon an meiner Stimme, dass ich etwas nervös bin. Kann ich hiergegen etwas tun?

Wie wir bereits erfahren haben, ist Nervosität für die meisten Außenstehenden unsichtbar. Trotzdem kann man sie manchmal hören, nämlich immer dann, wenn die Stimme nicht so souverän ist, wie sie sein sollte, wenn Sie etwas brüchig klingt oder wenn sich Krächzlaute einschleichen. Für diesen Fall möchte ich Ihnen einen sehr guten Tipp von einem geschätzten Dramaturgen nicht vorenthalten: Summen, kauen und schlucken Sie gleichzeitig – natürlich vor Ihrem Vortrag! Das lässt Ihre Stimme in Hochform kommen und man hört auf keinen Fall Ihr Lampenfieber.

Noch ein kleiner Trick: Sie sollten während des Vortrags und auch davor möglichst warme Getränke zu sich nehmen. Das entspannt die Stimmbänder und macht die Klangfarbe Ihrer Stimme angenehmer.

Was kann ich sonst noch tun?

Essen Sie vor Ihrem Vortrag mäßig und mit Bedacht. Schwere und fettige Mahlzeiten belasten den Organismus und hemmen ihn beim Denken und Sprechen. Beachten Sie auch die richtige Zufuhr von Kohlenhydraten: Verwenden Sie keinen puren Zucker, der aus kurzkettigen Kohlenhydraten besteht und rasch ins Blut strömt. Denn schneller Zucker ist gefährlich. Nach einem kurzen Hoch folgt ein langes Tief. Beste Voraussetzungen für eine längere Konzentrationsphase sind stattdessen langkettige Kohlenhydrate (z.B. in Vollkornbrot), denn diese werden vom Körper erst in Zucker zerlegt und strömen nicht sofort ins Blut. Sie stehen Ihnen als Energiespender also länger und damit effizienter zur Verfügung.

Es gibt kaum etwas Schlimmeres, als einem auswendig gelernten Vortrag zuhören zu müssen. Das freie Reden mithilfe eines Stichwortmanuskripts belebt hingegen den Vortrag und lässt Ihre Redeweise authentisch wirken. Den Beginn Ihrer Rede sollten Sie trotz allem immer präsent im Kopf haben, denn die Nervosität ist am Anfang immer am stärksten. Hat man aber erst einmal begonnen, lässt sie bald nach. Sorgen Sie also dafür, dass Sie sich zu Beginn im Text besonders sicher fühlen, dann kann Ihnen kaum etwas passieren.

Wie kann ich Souveränität und Sicherheit ausstrahlen?

Für den unmittelbaren Umgang mit Nervosität und Lampenfieber können Ihnen außerdem ein paar Tricks helfen, dank derer Sie es schaffen, Ruhe und Sicherheit auszustrahlen: Beginnen Sie zum Beispiel nicht bereits auf dem Weg zum Podium mit dem Sprechen, sondern gehen Sie immer erst zu Ihrem endgültigen Platz. Bevor Sie dann Ihren Vortrag eröffnen, nehmen Sie erst einmal Blickkontakt mit Ihren Zuhörern auf. Das wirkt sehr souverän, schafft Atmosphäre und Sie nehmen automatisch eine gute Körperhaltung ein, weil ein Auf-den-Boden-Schauen so nicht möglich ist. Sprechen Sie zu Beginn ruhig etwas lauter, denn eine kräftige Stimme strahlt ebenfalls Souveränität aus und die meisten Redner machen den Fehler, eher zu leise zu beginnen, was als ein typisches Indiz für Unsicherheit gewertet wird. Auch wichtig: Genauso wie Ihre Sprache und Ihre Inhalte sollten sich auch Ihre Gesten oberhalb der Gürtellinie bewegen – ein sehr wirkungsvolles Detail. Ebenso wirkungsvoll wie ein souveräner Stand. Und ganz nebenbei: Ein fester Stand gibt Ihnen auch automatisch ein Gefühl von Sicherheit. Sie sind im wahrsten Sinne des Wortes geerdet und werden das auch an einem stärkeren Selbstbewusstsein spüren.

Und schließlich: Ein kennzeichnendes Merkmal von Menschlichkeit sind Fehler, denn kein Mensch ist perfekt. Gott sei Dank, denn Perfektion schafft Aggression und wirkt eher trennend als verbindend. Kleine Fehler und Aussetzer werden von unseren Zuhörern daher meist als sehr sympathisch – weil menschlich – empfunden. Diese Erkenntnis sollte uns entspannen und unser Urteil über uns selbst nicht allzu streng werden lassen.

Freuen Sie sich auf das prickelnde Lampenfieber vor Ihrer nächsten Rede! Mit den Tipps können Sie gelassen auf Ihre Nervosität reagieren.

Was mache ich, wenn die Technik ausfällt?

Die Zeiten, wo ein Redner einfach auf der Bühne stand und etwas vortrug, sind schon lange vorbei. Mittlerweile gehört zu fast jeder Rede ein gewisses Maß an technischer Ausstattung: Ein Mikrofon, ein Beamer für die PowerPoint-Präsentation oder ein schlichter Overhead-Projektor sind dabei wohl die gängigsten Hilfsmittel.

Diese Mittel können in der Tat dabei helfen, Ihre Rede eindrucksvoller zu gestalten oder zu untermalen, allerdings können sie auch versagen. Das Mikrofon weigert sich dann Ihre Stimme zu verstärken und der Beamer zeigt hartnäckig ein blaues Rechteck und nicht Ihre sorgfältig ausgearbeitete Präsentation. Was tun in so einem Fall? Erst einmal, bleiben Sie ruhig. Niemand erwartet, dass Sie plötzlich zum Techniker werden, die Ärmel hochkrempeln und alles in Windeseile wieder repariert haben.

In einem ersten Schritt können Sie Ihr Publikum fragen, ob sich jemand mit technischen Dingen auskennt. Ist dies nicht der Fall, können Sie sich kurz entschuldigen und mit der Ankündigung, dass Sie nach Unterstützung fahnden werden, den Technikverantwortlichen des Veranstaltungsortes aufsuchen. In den meisten Fällen wird dies der Hausmeister sein.

Was tun, wenn auch diese Lösung fehlschlägt, weil der Hausmeister möglicherweise schon längst Feierabend hat? Das kann durchaus passieren. Aber vergessen Sie nie: The show must go on! Halten Sie Ihre Rede „unplugged", ohne technische Hilfsmittel. Erklären Sie Grafiken oder skizzieren Sie das Wichtigste auf einem Flipchart. Das wichtigste: Erinnern Sie sich daran, dass Ihr Publikum gekommen ist, um Sie reden zu hören und nicht um Ihre PowerPoint-Präsentation zu sehen.

Was kann ich tun, wenn ich falsch geschriebene Worte in meiner Präsentation oder in meinen Arbeitsmaterialien entdecke?

Eine typische Situation. Beim zehnmaligen Korrekturgang sah alles perfekt aus, aber sobald Ihre PowerPoint-Präsentation drei-mal-zwei-Meter-groß auf die Wand projiziert ist, fällt Ihnen der erste Tippfehler auf. Das ist ärgerlich, aber die meisten Zuhörer in Ihrem Publikum werden mit Ihnen sympathisieren und nicht vermuten, es mit einem Analphabeten zu tun zu haben ...

Die amüsanteste Methode, mit Fehlern in der Präsentation und dem Arbeitsmaterial umzugehen, habe ich einmal bei einem Kollegen erlebt. Nachdem er die ersten Fehler entdeckt hatte, ist er in die Offensive gegangen und hat Folgendes gesagt: „Um Ihre Aufmerksamkeit herauszufordern, habe ich in die Präsentation und in alle Unterlagen Fehler eingebaut. Schreiben Sie jeden Fehler mit seiner Fundstelle auf ein Extrablatt. Wer am Ende die meisten gefunden hat, gewinnt mein Buch." Das Ergebnis: Am Ende wusste er nicht nur, wo alle Fehler waren und konnte sie so einfach korrigieren – er konnte zudem auch sein Buch ein wenig promoten.

Auch wenn diese Möglichkeit für Sie nicht greift, hoffe ich doch, dass auch Sie in humorvoller Weise mit kleinen Missgeschicken umgehen können. Ein Blackout ist ebenso wenig das Ende der Welt, wie ein Beamer, der nicht gleich funktioniert. Eines funktioniert jedoch immer: Ihr Publikum wird es zu schätzen wissen, wenn Sie mit einem Lächeln reagieren – selbst wenn Ihr erster Impuls wäre, im Boden versinken zu wollen.

Kann ich solchen Katastrophen vorbeugen?

Es ist gut zu wissen, wie Sie mit kleinen Katastrophen souverän umgehen. Noch besser ist es jedoch natürlich, diese kleinen Katastrophen von vornherein zu vermeiden. Hierzu drei Tipps, die sich schon sehr oft bewährt haben:

1.) Nummerieren Sie Ihre Aufzeichnungen und Karteikarten!
Es passiert, dass Ihre Unterlagen durcheinander geraten. Wenn Sie alle Aufzeichnungen nummeriert haben, können Sie diese schnell und unauffällig wieder ordnen.

2.) Bringen Sie eine Extra-Glühlampe für den Beamer mit!
Ein kleiner Extra-Aufwand, der Ihnen ein unglaublich gutes Gefühl der Sicherheit geben wird und im Falle einer durchgebrannten Birne wirklich Gold wert ist. Auch was Ihre Fernbedienung betrifft, sollten Sie immer eine Ersatz-Batterie in der Laptop-Tasche haben.

3.) Seien Sie mindestens eine halbe Stunde vorher am Veranstaltungsort!
Gönnen Sie es sich, einmal durch den Saal zu laufen, sich aufs Podium zu stellen und probehalber einmal in den hinteren Reihen Platz zu nehmen. Dies hilft Ihnen dabei, sich mit dem Ort Ihrer Rede vertraut zu machen, ihn sich „anzueignen“. Und natürlich haben Sie auf diese Weise die Möglichkeit, Ihr Equipment zu testen und sicherzustellen, dass beispielsweise ausreichend Stühle vorhanden sind.

Was auch immer geschieht, versuchen Sie einfach folgende vier Punkte zu beachten:

1. Bleiben Sie souverän und selbstsicher.
2. Seien Sie humorvoll, lachen oder lächeln Sie.
3. Bleiben Sie auch bei Pannen sympathisch.
4. Machen Sie sich nicht durch schroffe oder aggressive Äußerungen über andere Personen oder Dinge unbeliebt.

6. Die Leute fesseln mit gutem Stil

„Äh, also in meiner heutigen Präsentation geht es darum, dass ..." Kommt Ihnen so ein mitreißender Präsentationstext bekannt vor? Mussten Sie auch schon mal circa zwei Minuten nach Präsentationsbeginn mit der ersten Gähnattacke kämpfen? Dann sind Sie damit nicht alleine – leider. Denn ein guter und vor allem fesselnder Vortragsstil bedarf nicht vieler Mittel. Wohl gewählte Worte, eine „schlanke" Sprache ohne überflüssige Füllwörter und auch der Stimme ein wenig Beachtung zu schenken genügt meistens, um aus einem 0-8-15-Vortrag eine spannende Rede zu machen.

Warum ist ein guter Sprachstil in meiner Präsentation so wichtig?

„Bitte bleiben Sie nicht unangeschnallt!"
„Es ist hier nicht erlaubt, eine Zigarette zu entzünden, daran zu ziehen und den Qualm auszuatmen."
„Rauchen kann dazu führen, dass Sie vorzeitig aus dem Leben scheiden."

Wären Sie überrascht, solche Warnungen oder Verbotsschilder zu lesen? Mit Sicherheit! Aber warum? Obwohl jeder dieser Sätze im Grunde genau die gleiche Bedeutung hat wie die Hinweise „Bitte anschnallen!", „Rauchen verboten" und „Rauchen tötet", besitzen sie nicht die Kraft und Präzision, die Warnungen und Verbotsschilder benötigen, um ihre Wirkung zu entfalten. Die Erklärung: Es ist ganz einfach der falsche Sprachstil.

Guter Stil verlangt danach, dass Sie das zu Sagende, also Ihre Botschaft, unabhängig von den verbalen Inhalten an die Bedürfnisse Ihres Publikums anpassen. Ihre Inhalte brauchen ein Transportmittel, damit sie ihren Weg ins Bewusstsein Ihres Publikums finden. Dieses Transportmittel ist die Sprache. Wählen Sie Ihre Worte deshalb sorgfältig, wägen Sie ab, mit welchem Wort und welcher Wendung Sie Ihre Argumente am besten vermitteln können. Sonst laufen Sie Gefahr, dass auch Ihre besten Ideen am Publikum vorbeirauschen.

Ziel ist, dass Sie es Ihren Zuhörern so einfach wie möglich machen, Ihren Gedankengängen zu folgen und Sie sich so im Verlauf Ihrer Rede die Aufmerksamkeit Ihres Publikums sichern. Vergessen Sie nie: Ihr Sprachstil ist Ihr verbaler Fingerabdruck. Ein guter, zur Situation passender Sprachstil zeugt von Respekt dem Zuhörer gegenüber. Und Worte, die etwas sagen, werden auch gehört!

Wie kann ich einen guten Stil entwickeln?

Ganz einfach: Sorgen Sie dafür, dass jedes Ihrer Worte zählt. So wie eine Zeichnung keine überflüssigen Striche und eine Maschine keine überflüssigen Teile haben sollte, sollte Ihre Rede keine überflüssigen Wörter oder Sätze enthalten. Das heißt jedoch nicht, dass alle Sätze möglichst kurz und knapp sein sollen oder keine Einzelheiten enthalten dürfen – es sollte nur jedes Wort sinnvoll gewählt sein.

Das bedeutet auch: Plaudern Sie nicht einfach los in der Hoffnung, dass sich Ihr Publikum den Sinn schon selbst zusammenreimt. Als erstes müssen Sie ganz klar für sich entscheiden, was Sie mit Ihren Worten sagen und erreichen wollen. Dann erst können Sie Ihre Rede daraufhin zuschneiden. Das Wichtigste: Bleiben Sie stets selbstkritisch und prüfen Sie Ihr Redenmanuskript mehrmals mit zeitlichem Abstand. Als kleine Hilfestellung stelle ich mir bei der Bearbeitung meiner Redenmanuskripte immer folgende Fragen:

- Sagt das, was ich sagen werde, wirklich das, was ich sagen will?
- Sind meine Gedankengänge für einen Außenstehenden wirklich nachvollziehbar?
- Habe ich mir jedes einzelne Substantiv kritisch angesehen und versucht, es durch ein starkes Verb zu ersetzen?
- Habe ich wirklich alle Passivkonstruktionen aus dem Text geschmissen?
- Hat jeder Satz eine Aussage oder stützt er eine Aussage?
- Habe ich die ganze unnötige heiße Luft abgelassen und jeden Satz so klar und eindeutig formuliert, wie er nur sein kann?

Ein hilfreiches Zitat hinsichtlich der optimalen „Fülle" einer Präsentation stammt von Antoine de Saint-Exupéry: „Vollkommenheit entsteht offensichtlich nicht dann, wenn man nichts mehr hinzuzufügen hat, sondern wenn man nichts mehr wegnehmen kann." Eine Formel, die nirgends mehr Gültigkeit besitzt als in punkto Präsentation. Fazit: Wählen Sie immer eine eindeutige, klare Sprache und bleiben Sie konkret. Das ist der beste Weg, um sich die Aufmerksamkeit Ihres Publikums zu sichern.

Niemand fühlt sich wirklich von abstrakten, verallgemeinernden Wendungen angesprochen. Wenn ich beispielsweise in einem Vortrag höre, dass sich die Bevölkerung in den nächsten Jahren mit höheren Lebenshaltungskosten abfinden muss, dann finde ich das für einen kurzen Moment schade, bevor ich unterm Tisch weiter meine SMS tippe. Wenn ich jedoch höre, dass ich mir im nächsten Sommer ganz gewiss meinen Segelurlaub abschminken kann, da die Inflation dafür sorgen wird, dass jeder Euro meines Einkommens nur noch 50 Cent wert ist, spitze ich meine Ohren.

Wie gehe ich konkret vor, wenn ich meine Präsentation oder meine Rede ausformuliert habe?

Ein guter Redestil ist ein entscheidender Wirkungsfaktor, durch den Sie es schaffen können, eindrucksvoll in Erinnerung zu bleiben. Doch einen guten Redestil zu entwickeln, kostet Zeit und Mühe. Die eigentliche Arbeit beginnt in dem Moment, wenn die erste Niederschrift beendet ist. Warum? Nun, einen guten Stil können Sie nur erreichen, wenn Sie Ihren Text immer wieder auf Fehler durchsehen und ihn unermüdlich verbessern. Schon Theodor Fontane schwor auf diese Methode: „Drei Viertel meiner ganzen literarischen Tätigkeit ist überhaupt Korrigieren und Feilen gewesen. Und vielleicht ist drei Viertel noch zu wenig gesagt."

Doch die Kunst des Feilens will gelernt sein, denn niemand kann bei einer Durchsicht auf alle Fehler gleichzeitig achten. Daher rate ich Ihnen, in zwei Stufen vorzugehen:

1. Zunächst sollten Sie den Sprachmüll herausfiltern. Meist finden sich zahlreiche Dinge, die alles andere als wirkungsvoll sind, weil sie häufig der Verständlichkeit im Wege stehen. Wenn wir unsere Zuhörer mit einer Rede bewegen, überzeugen, ja sogar begeistern wollen, brauchen wir die volle Aufmerksamkeit unseres Publikums. Dies erreichen wir am besten, wenn wir eine verständliche Sprache sprechen.

2. Danach gilt es, Ihre Rede mit einigen Finessen aufzuwerten. Eine anschauliche und bildhafte Sprache bringt das Gehirn auf Trab und sorgt für Abwechslungsreichtum. Doch auch hier kommt es auf ein gesundes Maß an. Mit Geschichten und Anekdoten machen Sie Ihre Zuhörer neugierig. Wenn Sie es aber übertreiben und Ihr Publikum mit Zitaten überhäufen, könnte manch einer sich fragen, ob es vielleicht an mangelnder Erfahrung oder Kompetenz liegt, dass Sie ständig auf Autoritäten zurückgreifen.

Warum sollte ich Substantivierungen vermeiden und stattdessen Verben gebrauchen?

In der Grundschule lernen Kinder Verben als sogenannte „Tuworte" kennen, denn diese Wortart beschreibt etwas, das getan wird – eine Aktion. Das Besondere an Verben: Überall, wo etwas getan wird, kann ich etwas sehen. Und überall, wo ich etwas sehen kann, kann ich auch etwas fühlen. Verben haben daher stets eine bessere und intensivere Wirkung als Hauptwörter, weil sie eher ein Bild bzw. ein Gefühl vermitteln.

Denken Sie stattdessen nur einmal an solche monströsen Hauptwortkonstrukte wie *Kommunikationskonzept, Berufszugangsvoraussetzung, Serviceorientierung* und *Entbürokratisierung.* Hier passiert überhaupt nichts in den Köpfen Ihrer Zuhörer und schon gar nicht in deren Herzen. Daher gilt: Wann immer es geht, wählen Sie einen verbalen Sprachstil – Ihr Publikum wird es Ihnen danken.

Konkrete Dinge wie etwa *der Stuhl, die Wohnung, das Auto* sowie abstrakte Begriffe wie beispielsweise *Ungerechtigkeit, Idee, Liebreiz* sind reine, klassische Hauptwörter – Substantive jedoch wie etwa *Entsendung, Bearbeitung, Motivierung* sind aus Verben gebildet und drücken eigentlich eine Handlung aus. Zwingt man eine Handlung auf diese Weise in ein Hauptwort, bricht man dem Satz das Rückgrat. Die Folge: Er wird langweilig und schwunglos. Ein Übermaß solcher Hauptwörter kennzeichnet den Hauptwortstil, der stets erdrückend und mühsam wirkt. Im Folgenden finden Sie einige Beispiele, die Ihnen zeigen sollen, wie einfach sich ein nominaler Stil in einen verbalen umformen lässt.

Nominaler Stil: Nach Ankunft und Besichtigung der Verhältnisse war mir die Erringung des Sieges möglich.
Verbaler Stil: Ich kam, sah und siegte.

Nominaler Stil: Aufgrund der Erhöhung der Preise und der Abnahme der Bezahlbarkeit seitens der Verbraucher müssen wir die Initiative ergreifen.
Verbaler Stil: Die Preise sind erhöht worden. Die Verbraucher können das nicht mehr bezahlen. Wir müssen etwas tun.

Nominaler Stil: die Kunst der Verständlichkeit des Schreibens
Verbaler Stil: die Kunst, verständlich zu schreiben

Ein einfacher Trick, mit dem Hauptwortanhäufungen keine Chance mehr haben: Bei Sätzen, in denen viele Wörter auf -heit, -keit, -ung, -ive, -ät, -ion, -ismus, -is, -tum, -schaft und -nahme enden, sollten Sie misstrauisch werden.

Unglücklich gewählt sind ebenfalls Substantive wie Bereich, Sektor, Gebiet, Umfeld, Ebene und Raum. Bereich ist übrigens eines der häufigsten Füllwörter. Unschwer daran zu erkennen, dass Deutschland schon lange nicht mehr nur in Bundesländer, Bezirke, Kreise und Gemeinden gegliedert ist, sondern vor allem in Bereiche: den *Arbeitsbereich*, den *Freizeitbereich*, den *Eingangsbereich*, den *Schlafbereich*, den *Fahrzeugbereich* usw.

Ob Sport, Arbeit, Politik oder Gesundheit – es gibt keinen Bereich, in dem es keine Bereiche gibt, oder wie Bastian Sick bemerkte: „Deutschland ist in ständiger Bereichsschaft." Das modische Anhängsel „-bereich" hört und liest man ständig. Klagte man früher noch über *Schmerzen in der Schulter*, hat man heute *Schmerzen im Schulterbereich.* Dabei ist der Appendix „-bereich" völlig überflüssig. Statt *im Schulbereich* sagen Sie doch einfach *in der Schule.*

Warum sind auch allgemeine Ausdrücke problematisch?

Einen allgemeinen Ausdruck vermeiden wir, indem wir nach einem besonderen Ausdruck suchen. Warum? Ganz einfach: Es ist der besondere Ausdruck, der einen Stil anschaulich und gehaltvoll macht. Meist haben wir die Wahl zwischen einem allgemeinen und einem besonderen Wort. Wenn wir etwa von einem Lebewesen sagen: es *isst*, dann ist das ein sehr allgemeiner Ausdruck. Viel anschaulicher sind besondere Ausdrücke, die wir für den Vorgang des Essens haben: *futtern, etwas zu sich nehmen, speisen, naschen, stopfen, schmausen, schnabulieren, frühstücken, verdrücken, sich den Leib voll schlagen* usw.

So wie bei diesem Beispiel gibt es für viele allgemeine Begriffe durchaus bessere und treffendere Ausdrücke. Im Folgenden einige Beispiele:

allgemeiner Ausdruck	besonderer Ausdruck
Ein hoher Turm stand in der Abenddämmerung.	Ein hoher Turm ragte in das Abenddämmern.
Ein Pferd lief langsam über den Acker.	Ein Schimmel trabte über den Acker.
Auf dem Marktplatz befand sich eine ungeheure Menge von Menschen.	Hunderte von Menschen drängten sich auf dem Marktplatz.
Als sich dieses Unglück bei ihr ereignete.	Als dieses Unglück über sie hereinbrach.

Natürlich ist der allgemeine Ausdruck bequem, denn er passt zur Not immer und passt sich vor allem jedem Satz an, doch er ist auch unanschaulich und langweilig und alles Eigentümliche der Botschaft geht verloren. Ein Tipp: Hilfreich dafür, den besonderen Ausdruck zu finden, sind Synonym-Wörterbücher, die Auskunft über sinnverwandte Begriffe geben.

Hin und wieder hört man von sogenannten Weichmachern. Was ist das? Und wie vermeide ich sie?

In Präsentationen wimmelt es nur so von Weichmachern und Füllwörtern, die der Wirkung und Wirksamkeit eines Vortrags gehörig im Wege stehen. Ich empfehle deshalb, so gut es geht, gänzlich auf die folgenden Vokabeln zu verzichten:

- Relativierende und abschwächende Worte wie „grundsätzlich", „prinzipiell", „quasi", „eigentlich", „vielleicht", „irgendwie" usw. Diese Wörter mindern die Glaubwürdigkeit Ihrer Argumentation. Außerdem bieten sie eine dialektische Angriffsfläche, die unnötig ist.
- Allgemeingültige Aussagen wie „immer", „absolut sicher", „nie" usw. Je allgemeingültiger Sie eine Aussage machen, desto leichter lässt sie sich angreifen und widerlegen.
- Entschuldigungen aller Art wie: „Ich weiß nicht genau, ob ..." oder: „Ich bin mir nicht sicher ..." Natürlich mindern Sie auf diese Weise die Wirkung Ihrer Präsentation und laden förmlich zum Widerspruch und zur Skepsis ein.
- Formulierungen im Konjunktiv: „Unter Umständen wäre es möglich ...", „Dies könnte eine sinnvolle Lösung sein". Der Konjunktiv drückt eine große Unsicherheit aus und die eigene Meinung wird verdeckt.
- Recht oft höre ich eine Einleitung wie „Ehrlich gesagt ...". Zu Recht stellt sich in diesem Fall die Frage, ob der Rest gelogen war.

Kennen Sie noch andere Wege zu einem lebendigen Sprachstil?

Es gibt sechs einfache Formeln, die – richtig und konsequent angewandt – helfen, einen ausdrucksstarken Stil zu entwickeln:

- *Wer sich hinter Passivkonstruktionen versteckt, bleibt passiv:* Benennen Sie in Ihrer Rede Ross und Reiter. Wer Aktivformulierungen nutzt, stellt sich in seinen Aussagen als Tätigen dar, der in Aktion tritt.

- *Die Bewegung bewegt sich nicht:* Aktive Verben bewegen etwas in den Köpfen Ihrer Zuhörer, Substantive stehen nur im Weg und versperren die Sicht. Die Verben sollten außerdem in der Gegenwart gehalten sein.
- *Sagen Sie's doch einfach:* Klopfen Sie Ihre Rede auf unnötige Fremdworte und abgedroschene Phrasen ab und vermeiden Sie es tunlichst, um den heißen Brei zu reden.
- *Wählen Sie klare Worte,* mit denen Sie sagen, was Sie auch wirklich meinen.
- *Euphemismen machen die Sache auch nicht besser:* Selbst wenn Ihnen die ungeschönte Wahrheit schwer über die Lippen will, führen Euphemismen Ihr Publikum ganz einfach in die Irre. Beispiel: Auch wenn es heißt, dass jemand nur „von uns gegangen ist", bedeutet das doch, dass jemand gestorben ist.
- *Ist es wirklich das Allerbesteste?* Vermeiden Sie Übertreibungen und Superlative (unabhängig von dem damit oft einhergehenden grammatikalischen Unfug!), sonst wird Ihr Publikum am Ende gar allen Ihren Aussagen skeptisch gegenüberstehen.
- *Führen Sie kein Selbstgespräch!* Beziehen Sie Ihre Zuhörer verbal ein, so halten sie Ihnen die Stange. Ganz einfach gelingt Ihnen das durch direkte Ansprache, rhetorische Fragen, echte Fragen etc.

Wie kann ich Aha-Erlebnisse auslösen?

Es gibt kaum etwas, das uns nachhaltiger im Gedächtnis bleibt, als sogenannte Aha-Erlebnisse. Wenn uns so richtig „ein Licht aufgeht", dann gehen wir mit einem bleibenden Eindruck nach Hause. Ihre Aufgabe lautet also: Überraschen Sie Ihr Publikum einmal mit etwas, das Ihren Zuhörern aller Voraussicht nach neu sein wird. Wie das geht? Ganz einfach: Schmökern Sie zum Beispiel einfach mal in einem Lexikon populärer Irrtümer.

Hierzu eine kleine Geschichte: Die Bundestags-Sprecherin Christel Happach-Kasan eröffnete ihre Rede zur grünen Gentechnologie mit folgenden Worten: „Die Kunst des Buchdruckens wurde zuerst in China entwickelt. Johannes Gutenberg, wir müssen uns das eingestehen, kam erst 500 Jahre später. In China setzte sich die Buchdruckerkunst nicht durch; sie fand keinen Markt. Warum? Weil die Menschen nicht lesen konnten. Genauso geht es zurzeit der grünen Gentechnik. Die Menschen verstehen ihre Vorteile nicht." Ein wirklich anschauliches Beispiel für einen Einstieg, der die Zuhörer überrascht und noch dazu die Analogie zum Redethema optimal kommuniziert.

Nicht selten muss ich Zahlen in meiner Präsentation verwenden. Zahlen sind sehr abstrakt und doch notwendig. Wie rücke ich sie in ein überzeugendes Licht?

Wenn wir im Rahmen unserer Präsentation Zahlen ins Feld führen, dann meist weil wir sie als faktenbezogenes Argument nutzen. Weil eine Zahl uns als besonders hoch oder niedrig erscheint, taugt sie als Argument für oder gegen eine bestimmte Sache. Dabei übersehen wir jedoch leider immer wieder, dass ein Gefühl für eine Zahl sich nicht überträgt. Noch schlimmer: Das Gefühl für ein und dieselbe Zahl ist von Zuhörer zu Zuhörer unterschiedlich. Minus fünf Grad Celsius sind für einen Eskimo warm, für uns Mitteleuropäer eher kalt.

Es gibt einen einfachen Trick, wie Sie das Gefühl für eine Zahl auf Ihre Zuhörer übertragen können: Finden Sie eine Referenzzahl! Wenn Sie wollen, dass Ihre Zahl als hoch erscheint, argumentieren Sie mit einer Referenzzahl, die signifikant niedriger ist. Wenn Sie wollen, dass Ihre Zahl als niedrig erscheint, argumentieren Sie mit einer Referenzzahl, die signifikant höher ist.

Dirk Niebel, der Generalsekretär der FDP, wollte in einer Präsentation einmal darstellen, wie hoch der Etat der Bundesagentur für Arbeit ist. Hätte er einfach nur die Zahl, nämlich 54 Mrd. Euro genannt, wäre kein Gefühl bei den Zuhörern entstanden. Dadurch aber, dass er vorher den Leuten erklärt hatte, dass der gesamte Bundeshaushalt der Schweiz über einen Etat von 26 Mrd. Euro verfügt, gewann die Zahl im Gefühl der Zuhörer plötzlich eine ganz andere Gewichtung.

Ein weiteres Beispiel: Möchte ein Ingenieur verdeutlichen, dass der Verbrauch des von ihm entwickelten Wagens mit acht Litern auf 100 km sehr gering ist, reicht die Zahl alleine oft nicht. Wenn er vorher (!) erwähnt, dass die Prognosen der Entwickler bei dieser Leistung zunächst zwischen elf und zwölf Litern auf 100 km lagen, dann erscheinen uns acht Liter plötzlich als recht niedrig.

Noch ein Tipp: Niemand hält Sie davon ab, ein Bild für Ihre Zahl zu finden. Sie können auf Fußballfelder, Badewannen, Türme, Städte, Länder, Schubkarren, Hochhäuser oder was auch immer zugreifen und Ihre Zahlen dadurch in Bilder verwandeln.

Warum funktioniert das Wort „nicht" nicht?

Dieses Phänomen ist relativ leicht zu erklären. Unser Gehirn arbeitet zum Teil in recht einfachen Strukturen und tut sich daher beispielsweise mit Negationen unglaublich schwer. Der Grund: Unser Unterbewusstsein löst Negationen erst gar nicht auf und kann sie in keiner Weise visualisieren. Dieses Wissen machte sich auch die Zigeunerin in folgender Geschichte zunutze: *Nachdem sie die Karten gelegt hatte, betrachtete die Zigeunerin lange die Handlinien ihres Kunden: „In Ihrem Garten liegt ein Schatz", sagte sie schließlich. „Graben Sie in der nächsten Neumondnacht zwischen null und ein Uhr, aber hüten Sie sich, an ein Nilpferd zu denken!" Der Mann tut, wie ihm geheißen. Kurz nach halb eins wirft er die Schaufel beiseite: „Verflucht! Mein Lebtag habe ich an kein Nilpferd gedacht, aber jetzt!"*

Nicht anders geht es Ihren Zuhörern, wenn Sie Negationen verwenden. Wir visualisieren bei Negationen immer erst einmal das, was wir uns nicht vorstellen sollen, ganz einfach aus dem Grund, weil wir uns nicht nichts vorstellen können. Die Folge: Das, was wir uns nicht einmal vorstellen sollen, lässt trotzdem ein Gefühl zurück. Wenn Sie Ihrem Publikum sagen: „Unser Betrieb liefert nie unpünktlich!", bleibt das Gefühl von „unpünktlich" in den Zuhörern zurück – auch wenn Sie genau das Gegenteil vermitteln wollen. Machen Sie sich das also immer bewusst und lösen Sie Negationen deshalb besser auf, indem Sie sich fragen: „Was stattdessen?" So wird beispielsweise aus „Regen Sie sich nicht auf!", was geradezu eine Einladung wäre, die Bitte: „Bleiben Sie ruhig!"

Wie kann ich in meiner Präsentation ein besonderes rhetorisches Highlight setzen?

Neben Geschichten, Metaphern, Anekdoten und dem Storytelling aus Kapitel III gibt es noch eine sehr schöne Methode, damit Zuhörer für eine Zeit an Ihren Lippen kleben.

Wir könnten es „Die-Katze-im-Sack"-Technik nennen. Bevor Sie die Katze da endlich rauslassen, verwenden Sie Formulierungen, die das Rätselfieber Ihrer Zuhörer aktivieren. Beginnen Sie dafür jenen Teil Ihrer Präsentation, der besonders interessant verpackt werden soll, mit einer Verschleierung à la: „Jetzt möchte ich Ihnen einmal von einem (!) Produkt erzählen ..."

Diese Anonymisierung halten Sie aufrecht oder besser noch: Verstärken Sie die Verschleierung. Etwa so: „Sie alle kennen dieses (!) Produkt. Ich behaupte sogar, dass Sie alle dieses (!) Produkt schon einmal benutzt haben. Es steht in Ihrem Badezimmer. Das Produkt, das ich meine (!), schützt Ihre Haut. Es sorgt dafür, dass Sie gut aussehen. Dieses Produkt befindet sich in einer blauen Dose mit weißer Schrift. Usw." Nach kurzer Zeit lösen Sie dann auf: „Das Produkt, das ich meine, ist – die Nivea-Creme."

Das Schöne daran: Die Zuhörer werden bei den Ohren und bei ihrer Neugier gepackt, schließlich nehmen sie an einer Art Rätselspiel teil. Diese Methode eignet sich übrigens besonders gut, wenn Sie über Personen sprechen. Sie baut Spannung und Atmosphäre auf und verleiht Ihrer Präsentation Flügel.

Wie bringe ich Abwechslung in meine Sprechweise?

Keiner von uns hört gerne jemandem zu, der in nur einer Tonlage, einem Tempo und einer Lautstärke spricht. Dabei ist eine abwechslungsreiche Sprechweise relativ einfach zu realisieren. Ein bisschen stimmliche Modulation, also das Spiel mit den Tonhöhen, ein wechselndes Sprechtempo, unterschiedliche Lautstärken und kalkulierte Pausen genügen, um das Publikum nicht zum Einschlafen zu bringen.

Wie kann ich meine Stimme wirkungsvoll einsetzen?

Die Vorbereitung hat sich gelohnt. Sie haben eine großartige Rede zusammengestellt und können alle wichtigen Vorbereitungspunkte abhaken: Der Anfang wird Ihr Publikum wachrütteln, Ihre Argumente werden zünden und dem Ende Ihrer Rede haben Sie Flügel verliehen, damit es Ihr Publikum begleiten kann.

Auch Ihr Equipment ist komplett. Die PowerPoint-Präsentation wird Ihre Worte untermalen, die Grafiken werden komplexe Sachverhalte greifbar machen. Alles scheint im Kasten und Sie brauchen Ihren Vortrag nur noch zu halten. Oder haben Sie doch noch etwas Wichtiges vergessen? Vielleicht das wirkungsvollste Überzeugungsinstrument, das Sie jederzeit mit sich führen? Sie haben es erraten: Es geht um Ihre Stimme und Ihre Sprache.

Deshalb: Widmen Sie auch Ihrer Stimme und Ihrer Aussprache ein wenig Zeit und Ihre Rede wird davon profitieren. Es geht nicht darum, eine „perfekte" Stimme zu trainieren, sondern lediglich darum, mit einfachen Mitteln wirkungsvolle Effekte zu erzielen. Hierzu ein paar Stimm- und Sprachtipps, mit denen Sie Ihr Publikum auf jeden Fall in Ihren Bann ziehen werden:

Eine selbstbewusst klingende Stimme erzeugen: Wünschen Sie sich manchmal, Ihre „Präsentationsstimme" wäre so entspannt wie Ihre „Plauderstimme"? Wenn Sie gut vorbereitet sind – Ihre wichtigsten Punkte im Kopf und Ihre Gedächtnisstützen auf dem Papier haben –, dann sollten Sie versuchen, sich Ihre Rede als eine, zugegebenermaßen etwas einseitige, Konversation mit dem Publikum vorzustellen. Ihr Publikum ist keine graue, feindliche Masse, sondern eine Gruppe interessierter Individuen. Sprechen Sie also genau so, wie Sie zu einem Freund oder Kollegen sprechen würden.

Sprechen Sie laut genug: Versichern Sie sich gegebenenfalls mit einer ans Publikum gerichteten Frage, dass man Sie auch in den hinteren Reihen versteht, denn wenn Ihre Zuhörer Sie nur mit größter Anstrengung verstehen können, werden sie über kurz oder lang auf Durchgang schalten – egal wie interessant das Thema Ihrer Präsentation ist. Kleiner Tipp: Sobald Sie vor mehr als 40 Leuten sprechen, sollten Sie sich ein Mikrofon besorgen.

Sprechen Sie nicht zu schnell: Aufregung und Nervosität führen häufig dazu, dass selbst ruhige Redner geradezu panisch durch ihren Vortrag hetzen. Diese Schnelligkeit kann tückisch sein: Man verhaspelt sich, verliert den Faden und selbst wenn das alles nicht passiert, fällt es Ihrem Publikum auf jeden Fall schwer, Ihnen zu folgen. Sprechen Sie deshalb bewusst langsam und halten Sie sich die Möglichkeit offen, ein Erhöhen der Sprechgeschwindigkeit für dramatische Zwecke zu nutzen.

Vermeiden Sie „Ähms" und andere Füllwörter: Vielleicht sind Sie ein „Ähm"-Sager, vielleicht gehören Sie zur „Also"-Gruppe. Egal, was Ihr bevorzugtes Füllwort ist: Halten Sie es aus Ihrer Präsentation heraus. Füllwörter sind lautes Nachdenken und hinterlassen beim Publikum den Eindruck, Sie hätten sich nicht gut vorbereitet. Die goldene Regel lautet deshalb: Lassen Sie sie weg. Besser: Denken Sie lieber im Stillen nach, wenn Sie kurz den Faden verloren haben, denn jedes Füllwort strapaziert unnötig die Geduld Ihres Publikums.

Warum sind Pausen so wichtig?

Vielleicht war Ihnen das bisher nicht bewusst, aber Schweigen ist genauso Teil Ihrer Rede wie die gesprochenen Worte. Oft ist der Platz, den Sie zwischen Ihren Gedanken lassen, genauso aussagekräftig wie die Gedanken an sich. Eine Sprechpause ist ein wirkungsvolles und dennoch oft unterschätztes stilistisches Mittel, das einen eigenen Absatz verdient.

Aber warum ist eine Sprechpause nicht zu unterschätzen? Ganz einfach: In jeder Präsentation prasseln jede Menge neuer Informationen auf Ihr Publikum ein. Nutzen Sie deshalb Sprechpausen, um einerseits die Spannung zu erhöhen und um andererseits Ihrem Publikum die Möglichkeit zu geben, das eben Gesagte kurz sacken zu lassen. Ich weiß: Jeder kurze Moment der Stille wird Ihnen wie eine Ewigkeit vorkommen – Ihr Publikum wird es Ihnen jedoch danken und gespannt darauf warten, dass Sie fortfahren.

Nutzen Sie Pausen auch dann, wenn Sie eine ungewöhnliche Idee vorstellen oder einfach eine ungewöhnliche Wortkombination verwenden. Die Aussage: „Bei Kopfschmerzen hilft die Einnahme von Aspirin. Dies haben unabhängige Wissenschaftler bestätigt", bedarf keiner Hilfsmittel, um das Verständnis Ihres Publikums sicherzustellen. Wenn die Aussage dagegen lautet: „Bei Kopfschmerzen hilft es, eine Katze zu streicheln", sieht die Sache ganz anders aus. Ihr Publikum braucht etwas Zeit, um die ungewöhnliche Idee zu verdauen, deswegen sollten Sie in so einem Fall bewusst eine Pause einsetzen. In der Praxis sähe das ungefähr so aus: „Bei Kopfschmerzen hilft es, // eine Katze // zu streicheln." Die Pause vor „Katze" erhöht dabei die Aufmerksamkeit Ihres Publikums und macht es für die ungewöhnliche Schmerzbekämpfungsmethode empfänglich. Die Pause nach „Katze" gibt Ihrem Publikum die Möglichkeit, das Gehörte kurz zu verdauen.

Warum ist das so? Nun, das Gehirn kann manchmal sehr träge sein und neigt dazu, bekannte Muster zu erwarten, selbst wenn diese nicht vorhanden sind. Wenn Sie diese Pause nicht setzen, stehen die Chancen gut, dass Ihr Publikum denkt, Sie hätten nicht „Katze" sondern „Aspirin" gesagt.

Auch humorvolle Einlagen verlangen nach wohl gesetzten Pausen. Das gute „Timing", das einen mittelmäßigen Comedian von einem richtig guten Comedian unterscheidet, ist in erster Linie das gute Timing von Sprechpausen. Selbst über den witzigsten Gag wird keiner lachen, wenn die Pointe einfach heruntergerasselt wird. Wenn Sie also lernen, Pausen auszuhalten, wird es Ihrem Publikum leichter fallen, Sie als Respektperson oder als Koryphäe auf Ihrem Gebiet wahrzunehmen.

Vielleicht können Sie von Clint Eastwood lernen, der sich besonders in seinen Rollen als Cowboy durch sein relatives Stummsein auszeichnete. Manchmal schien es einen „gefühlten" Tag zu dauern, bis er auf eine Frage antwortete. Der Effekt: Seine Wortkargheit machte ihn mysteriös und spannend. Jeder Kinogänger war gespannt, wann der Leinwandheld endlich sprechen würde und jedem war klar: Es musste einfach wichtig sein, was er sagte.

Bis Sie gelernt haben, Ihre Sprechpausen ganz natürlich einzusetzen, empfehle ich Ihnen, einen Atemzyklus als zeitliche Richtlinie zu nehmen. Machen Sie eine Pause, atmen Sie ruhig ein und atmen Sie ruhig wieder aus, bevor Sie weitersprechen. So werden Sie sich mit Ihrem öffentlichen Reden genauso vertraut machen wie mit Ihrem öffentlichen Schweigen. Und eine gute Kombination aus beidem wird Sie zu einem gern gesehenen Gast auf jedem Podium machen.

Schlusswort oder: Ein Credo für mehr Sprachstil in der Präsentation

In den vorangegangenen Kapiteln haben Sie viele Faktoren kennen gelernt, die zu einer gelungenen Präsentation beitragen können bzw. – worst case – einen Vortrag in ein kleines Desaster verwandeln können. Alles wichtige Aspekte, die durch ihr intelligentes Zusammenwirken zum Erfolg führen können. Würde Sie nun aber jemand fragen, an welchem Merkmal Sie – auf den Punkt gebracht – eine gute Präsentation erkennen, was würden Sie antworten? Meine Antwort wäre: ein guter Stil! Viel zu abstrakt, werden Sie jetzt vielleicht denken, nach welchen Maßstäben soll schließlich der Stil einer Präsentation bemessen werden. Sie haben recht, denn die gestalterische Qualität der Folien, die verständlich aufbereiteten Informationen und passenden Illustrationen sind zwar wichtig, haben aber keinen direkten Einfluss auf den Stil einer Präsentation.

Doch was ist dann das ausschlaggebende Kriterium, ob ein Vortrag Stil hat oder nicht? Es sind ganz einfache Faktoren – sozusagen die „Soft Skills“ einer Präsentation –, die aus dem Ganzen eine „runde Sache“ machen: eine gute Portion Persönlichkeit, die nötige Menge an Feingefühl für das Publikum und die Situation und vor allem ein guter Sprachstil.

Fangen wir einmal mit den vermeintlich kleinen Dingen an – mit den Worten. Meine Bitte lautet hier: Worte sollten Sie unbedingt wörtlich nehmen, wenn Sie andere Menschen von Ihren Vorhaben überzeugen möchten. Warum? Nun, weil Sie schon mit kleinen Änderungen in Ihrer Alltagssprache die positive Energie von Worten besser entfalten und andererseits negative Wirkungen vermeiden können. Dazu ein Beispiel: Kürzlich saß ich nach einer arbeitsreichen, aber auch sehr interessanten und anregenden Arbeitswoche mit einem Bekannten in einer Bar, um mit einem Glas Rotwein das Wochenende zu beginnen. „Ist alles in Ordnung bei dir?“ fragte mein Gegenüber plötzlich: „Du siehst ganz schön gestresst aus.“

Die Folge: Der Kommentar meines Bekannten bestand nur aus ein paar unbedachten Worten, eine oft gehörte Floskel, und doch war die „Wochenend-Einstimmungs-Stimmung“ dahin und ich verbrachte den Rest des Abends damit, darüber nachzudenken, ob ich vielleicht zu viel arbeite. Später beim Zähneputzen entdeckte ich dann plötzlich, dass ich Augenringe habe. Und schließlich habe ich mich das ganze Wochenende über besorgt gefragt, ob ich mich bei der Planung der kommenden Woche vielleicht schon wieder übernommen habe. Erst am Sonntagnachmittag wurde mir klar, was der Grund hierfür war. Immerhin war ich bis zu unserem Treffen in der

Bar der Meinung gewesen, eine persönlich und professionell bereichernde Woche hinter mir zu haben, auch – oder gerade weil – sie arbeitsintensiv war. Die Worte meines Bekannten aber haben das Ganze aus einem anderen Blickwinkel beleuchtet und viel Arbeit mit viel Stress gleichgesetzt. Fazit: Ein an sich neutraler Tatbestand kann durch die entsprechende Wortwahl ganz leicht in ein positives oder negatives Licht gerückt werden und eine dementsprechende Wirkung erzielen.

Die Kraft der Worte in Bezug auf die Wahrnehmung bewies auch die bedeutende amerikanische Psychologin Elizabeth Loftus in einer eindrucksvollen Studie. Studenten, denen Ausschnitte von Autounfällen gezeigt wurden, sollten danach schätzen, wie schnell die jeweiligen Autos fuhren, als sie zusammenstießen.

Die gezeigten Filmausschnitte waren alle gleich, nur die Wortwahl bei der Fragestellung wurde geändert: Die Studenten wurden zu Gruppen zusammengefasst und mit jeweils anderen Worten befragt. Zu den Fragen gehörten unter anderem folgende Formulierungen:

„Wie schnell waren die Autos, als sie zusammenstießen?"
„Wie schnell waren die Autos, als sie zusammenprallten?"
„Wie schnell waren die Autos, als sie im Rahmen des Unfalls Kontakt hatten?"
„Wie schnell waren die Autos, als sie ineinander krachten?"

Das Ergebnis war eindeutig: Obwohl alle dieselben Unfälle gesehen hatten, schwankten die Geschwindigkeitseinschätzungen ganz enorm. Je mehr sich das Verb, mit dem nach der Geschwindigkeit gefragt wurde, nach einem heftigen Aufprall anhörte, desto höher wurde die Aufprallgeschwindigkeit eingeschätzt. Wer also gefragt wurde, wie schnell die Autos waren, die „ineinander krachten", gab eine deutlich höhere Schätzung ab, als jemand, der gefragt wurde, wie schnell die Autos waren, als sie „Kontakt hatten".

Was zeigen uns diese Beispiele? Worte sind keineswegs neutral. Jedes in unserer Sprache existierende Wort ist bereits mit einer bestimmten Bedeutung, Stimmung und Energie verhaftet. Diese potenzielle Energie wird freigesetzt und entfaltet ihre positive oder negative Kraft, wenn wir ein Wort verwenden – egal wie unbedacht oder absichtsvoll das geschieht. So hätte mein Bekannter beispielsweise einfach danach fragen können, wie meine Woche war und so einen neutralen Austausch begonnen. Indem er jedoch das Wort „Stress" wählte, war es auch Stress, den ich empfand. So funktioniert Sprache: Nomen est Omen.

Die Kraft und Energie, die Worte besitzen, können also sehr schnell negativ, und manchmal sogar zerstörerisch wirken. Auf der anderen Seite kann eine positive „Sprachenergie" jedoch dazu genutzt werden, Menschen zu motivieren und zu begeistern. Welche enorme Wirkung selbst kleine Worte und alltägliche Floskeln besitzen und so zu einem mächtigen Werkzeug werden können, verdeutlichen die folgenden Beispiele:

Sprechen wir beispielsweise über anspruchsvolle oder anstrengende Aufgaben, beleihen wir gerne das Vokabular von Kriegsherren. Doch im Krieg gibt es nicht nur Sieg und Triumph, sondern auch Gegner, Feinde und Zerstörung. Keine sehr positive

Stimmung also, die mit diesem Wort mitschwingt. Dabei sind nur ein paar kleine Änderungen nötig und Ihre Sprache fördert Produktivität und Zusammenarbeit. Ersetzen Sie zum Beispiel die Aussage: „Ich kämpfe mich hier schon seit Stunden durch Berge von eMails“ durch die Alternative: „Ich bin dabei, meine eMails abzuarbeiten.“ Und anstatt „ein Projekt in Angriff zu nehmen“, sollten Sie sich lieber „einem neuen Projekt widmen“.

Ebenso motivationshemmend wie negativ belegte Worte sind kleine, scheinbar harmlose Unverbindlichkeitswörtchen wie „eigentlich“, „vielleicht“ & Co. Der Grund: Diese „Füllsel“ können Ihre Aussagen bis zur Wirkungslosigkeit entstellen. Oder glauben Sie jemandem, der behauptet, „seine Arbeit mache ihm eigentlich schon Spaß“, dass derjenige wirklich Freude an seinem Job hat?

„Denken Sie jetzt bitte *nicht* an einen roten Elefanten.“ Nun, woran haben Sie gerade gedacht? Genau, obwohl Sie genau das nicht tun sollten. Die Erklärung hierfür ist ganz einfach: Unser Unterbewusstsein kennt so etwas wie Verneinung nicht und überhört daher Worte wie „nicht“, „kein“ u.ä. in einer Aussage. Das Ergebnis: Eine Aussage wird genau anders verstanden als gemeint. Die Alternative: Formulieren Sie Aufforderungen positiv und ohne Negationen – also wortwörtlich so, wie sie gemeint sind. Ähnlich verwirrend ist übrigens auch die Vorsilbe „un“, die die Bedeutung eines Adjektivs ins Gegenteil verkehrt, aber unbewusst oft nicht wahrgenommen wird. Benutzen Sie also lieber anstelle von Begriffen wie un-geschickt, un-glücklich oder un-bedacht, klare Bezeichnungen wie tollpatschig, traurig oder vorlaut.

Klare, verständliche und positive Formulierungen sind *ein* Aspekt eines guten Sprachstils. Das zweite Zauberwort heißt Einfachheit! Warum? Ganz klar: Je aufgeblähter die Sprache, desto größer ist das Unverständnis und damit der Vertrauensverlust beim Zuhörer. Die Devise lautet daher: Bitte keine Dampfplauderei und ein Feuerwerk an Euphemismen, auch wenn diese „Wellness-Sprache“ von vielen Rhetorik-Trainern propagiert wird. Die Wirkungsformel der Sprachwahl ist ganz einfach: Je einfacher und klarer Sie Ihre Worte wählen, desto besser wird man Sie verstehen und umso kompetenter werden Sie wirken, oder wie Schopenhauer es formulierte: „Viele Worte, die gemacht werden, um einfache Gedanken mitzuteilen, sind ein untrügliches Zeichen der Mittelmäßigkeit.“

Bestes Beispiel für einen mangelnden „Sprachpurismus“ und den Effekt der Unverständlichkeit, der sich daraus ergibt, ist ohne Zweifel die Welt der Politik ... oder verstehen Sie die Antwort von Regierungssprecher Béla Anda auf die Frage, ob die Bundesregierung beim Sparkurs bleibt oder nicht: „Der Bundeskanzler zieht die Konsequenz daraus, dass er dem Verfahren, so, wie es in der Regel und auch hierbei geordnet abläuft, entsprechend seiner Aufgabe mit großer Sorgfalt, aber auch in Zuständigkeit des betreffenden Ressorts belassend, dass er diese Aufgabe weiterhin so wahrnimmt, das heißt, dass der Finanzminister entsprechend die Arbeiten so tut, die dann im Kabinett besprochen werden müssen und besprochen werden sollen“ (*Hamburger Abendblatt*, 4. Mai 2004).

Ein solcher Sprachstil bewirkt lediglich eines: Er macht ein wirkliches Verständnis unmöglich und verhindert auf diese Weise einen wirklichen Austausch. Was zurückbleibt sind nur leere Worthülsen und eine geschönte Sprache, die nicht mehr den Anspruch hat, zu informieren, sondern vielmehr versucht, Tatsachen zu verschleiern und diese hinter wohlklingenden Formulierungen zu verstecken.

Kein Wunder, dass vor allem solche sprachlichen Erzeugnisse wie Geschäftsberichte, Quartalsberichte und Vorstandsreden der so genannten Wellness-Sprache zum Opfer fallen und überquellen von hochgreifenden Metaphern und Sprachbildern. Und wer glaubt nicht gerne an „strategische Weichenstellungen", „durchschrittene Talsohlen", „mutige Investitionsentscheidungen" und „klare Performance-Ziele", wenn er sich dafür sprachlich und mental nicht mit störenden Wahrheiten auseinandersetzen muss.

Die Folge all dieser sprachlichen Entwicklungen, zu denen natürlich auch die sprachlichen Verstümmelungen und fragwürdigen Wortschöpfungen zählen, die die neue Generation der elektronischen Sprache in Handys und eMail-Ordnern hervorbringt: Übersättigt von all den hohlen Phrasen hören wir kaum noch wirklich hin, weil wir sowieso keine geballte Information mehr erwarten. Sprache – und besonders in Präsentations- und Vortragssituationen – ist zu einem großen Teil dem Schicksal des „Show-Business" zum Opfer gefallen und hat dabei ihren eigentlichen Auftrag eingebüßt, nämlich Informationen zu transportieren und zu vermitteln.

Wer dieses Ziel in einer Präsentation oder einem Vortrag verfolgt, sollte deshalb vor allem eines tun: zurückkehren zu einer reinen, klaren und einfachen Sprache, die durch ihre Verständlichkeit überzeugt und Dank durchdachter Formulierungen eine sympathische, überzeugende und motivierende Wirkung auf die Zuhörer besitzt. Nur so schaffen Sie es als Redner und Präsentator, menschlich und sympathisch zu wirken und mit Ihrem Publikum auf einer Ebene zu kommunizieren.

Bei all Ihren Versuchen und Übungen, dieses Ziel zu erreichen, wünsche ich Ihnen viel Spaß und viele motivierende Erfolgserlebnisse. Und sollten Sie einmal auf ein Problem stoßen, eine Frage haben oder möchten Sie ein außergewöhnliches Präsentationserlebnis mitteilen, können Sie sich natürlich jederzeit an mich wenden:

rene.borbonus@communico-online.de

Und jetzt viel Erfolg bei Ihrer nächsten Präsentation! Kommen Sie gut an!
Ihr

René Borbonus

P.S.: Sie erreichen mich auch unter:
René Borbonus
Sankt Barbara Straße 36
56412 Ruppach-Goldhausen
Fon: 0 26 02 / 99 80 93
Fax: 0 26 02 / 99 80 94

Lese-Empfehlungen

Anekdoten-Lexika

Kunschmann, D. (Hrsg.): *Das große Anekdoten Lexikon.* München: Bassermann, 2002.

Lasko, W.W. & Seim, I.: *Die WOW-Präsentation. 72 Storys und Zitate für Ihren mitreißenden Auftritt.* Wiesbaden: Gabler, 1999.

Nöllke, M.: *Anekdoten, Geschichten, Metaphern für Führungskräfte.* Freiburg: Haufe, 2002.

Weiterführende Literatur

Atkinson, C.: *Erzählen statt aufzählen: Neue Wege zur erfolgreichen PowerPoint-Präsentation.* Remscheid: Microsoft Press Deutschland, 2005.

Etrillard, St.: *Spitzengespräche. Faire Kommunikation durch gekonnte Gesprächsführung.* Paderborn: Junfermann, [2]2005.

Pöhm, M.: *Präsentieren Sie noch oder faszinieren Sie schon?* Heidelberg: mvg, 2006.

Pöhm, M.: *Vergessen Sie alles über Rhetorik. Mitreißend reden – ein sprachliches Feuerwerk in Bildern.* Heidelberg: mvg, 2002.

Seifert, J.W.: *Visualisieren. Präsentieren. Moderieren.* Offenbach: Gabal, [23]2007.

Tschepp, Ch. & Kirchmeyer, M.: *Rock your Schweinehund. Die TrainingsBox für Präsentation & freie Rede.* Paderborn: Junfermann, 2005.

Tschepp, Ch. & Schinagl, S.: *Die Hummel. 99 Metaphern, die dem Leben Flügel verleihen.* Paderborn: Junfermann, 2007.

Wöss, F.: *Der souveräne Vortrag.* Wien: Linde, 2004.

Zelazny, G.: *Das Präsentationsbuch.* Frankfurt/M.: Campus, [2]2001.

Die Herausforderungen der Zukunft meistern

224 Seiten, kartoniert • € (D) 22,– • ISBN 978-3-87387-633-0

STÉPHANE ETRILLARD

»Prinzip Souveränität«

Ihre Konstante in einer komplexen Welt. Als souveräne Persönlichkeit sicher entscheiden und handeln

»Stéphane Etrillard gilt als führender Experte zum Thema »persönliche Souveränität« und zeigt uns in seinem neuen Werk, wie wir als souveräne Persönlichkeit sicher entscheiden und handeln können. Er erklärt ausführlich den Begriff »Souveränität« und beschreibt, welche Voraussetzungen man für Souveränität haben muss und wie man mit ihr in der Praxis und im Umgang mit Schwierigkeiten zurecht kommt. Am Ende jedes Kapitels schildert Etrillard die Lebensgeschichten bekannter Persönlichkeiten (z.B. Johnny Cash, Coco Chanel, Edzard Reuter). Ein sehr gelungenes Buch für jeden, der (s)eine souveräne Persönlichkeit entwickeln und werden will.«
– Prof. Dr. Lothar Seiwert

Stéphane Etrillard ist ein gefragter Kommunikationsexperte und zählt zu den innovativsten Vertriebstrainern der neuen Generation.

Schon gelesen? »Kommunikation & Seminar«:

Das Junfermann-Magazin für professionelle Kommunikation: NLP, Gewaltfreie Kommunikation, Coaching und Beratung, Mediation, Pädagogik, Gesundheit und aktive Lebensgestaltung.

Mit ausführlichen Schwerpunktthemen, Berichten über aktuelle Trends und Entwicklungen, übersichtlichem Seminarkalender, Buchbesprechungen, Interviews, Recherchen, Trainerportraits, ...
Mehr darüber? Ausführliche Informationen unter:

www.ks-magazin.de

Verlag
Junfermann